"十二五"职业教育国家规划教材（修订版）

经全国职业教育教材审定委员会审定

汽车类专业"互联网+"创新教材

汽车售后服务企业经营与管理
第3版

主　编　赵计平　金　明

副主编　邢永胜　李振杰

参　编　白　云　程　曦

　　　　梁　丽　何婉亭

　　　　程海进

U0367465

机械工业出版社

本书是"十二五"职业教育国家规划教材修订版。

本书借鉴国际职业教育的先进教学理念，突出了"以行业需求为导向、以能力为本位、以学生为中心"的原则，以汽车售后服务企业经营与管理为主线，按照汽车维修岗位能力标准，依照教育部专业教学标准、对接"1+X"汽车运用与维修（含智能新能源汽车）职业技能等级证书中"汽车维修企业运营与项目管理技术（中、高级）"职业能力组织教学内容进行编写。本书着重介绍了汽车售后服务企业的经营与管理理念、具体的管理方法和一些基本的业务管理内容，针对学生的学习特征设计教学活动，将教学活动与模拟或真实的工作场所相融合，将动态的教学鉴定与教学评估相结合，使学生"动中学、学中练、练中用"，满足学习者学习需求。

本书可作为高职专科院校、高职本科院校汽车相关专业的学生用书，也可以作为汽车维修、服务人员的培训教学材料。

为了便于读者自主学习、提高学习效率，本书配备了二维码视频资源，读者可通过手机扫码观看。

本书还配有电子课件、试卷及答案等，凡使用本书作为教材的教师可登录机械工业出版社教育服务网（www.cmpedu.com）注册后免费下载。咨询电话：010-88379375。

图书在版编目（CIP）数据

汽车售后服务企业经营与管理 / 赵计平，金明主编 . —3 版 . —北京：机械工业出版社，2022.2（2025.1 重印）

"十二五"职业教育国家规划教材：修订版 汽车类专业"互联网＋"创新教材

ISBN 978-7-111-60819-6

Ⅰ.①汽… Ⅱ.①赵… ②金… Ⅲ.①汽车－售后服务－企业经营管理－高等职业教育－教材 Ⅳ.① F407.471.6

中国版本图书馆 CIP 数据核字（2022）第 025169 号

机械工业出版社（北京市百万庄大街 22 号 邮政编码 100037）
策划编辑：葛晓慧 责任编辑：葛晓慧
责任校对：史静怡 张 薇 责任印制：常天培
北京机工印刷厂有限公司印刷
2025 年 1 月第 3 版第 3 次印刷
184mm×260mm·9 印张·1 插页·213 千字
标准书号：ISBN 978-7-111-60819-6
定价：43.80 元

电话服务 网络服务
客服电话：010-88361066 机 工 官 网：www.cmpbook.com
　　　　　010-88379833 机 工 官 博：weibo.com/cmp1952
　　　　　010-68326294 金 书 网：www.golden-book.com
封底无防伪标均为盗版 机工教育服务网：www.cmpedu.com

本书是根据《汽车售后服务技术人员培训能力标准》中的核心能力标准《QSPBS05书写职场常规文本和完成汽车行业文档》《QSPBJ01 建立有效的工作关系》，专业特殊能力标准《QSPBW09 组织和完成日常工作活动》《QSPBP02 执行仓储规程》《QSPBL01 提供车辆损失评估，确认维修要求》，对接"1+X"汽车运用与维修（含智能新能源汽车）职业技能等级证书中"汽车维修企业运营与项目管理技术（中、高级）"职业能力、汽车售后服务企业 4S 模式下企业管理者的岗位能力进行编写的，从而实现岗、课、证融合。

本书借鉴了国际职业教育的先进教学理念，突出了"以行业需求为导向、以能力为本位、以学生为中心"的原则，具有以下特点：

1）依据行业能力标准确定教学目标和教学鉴定内容。对接行业发展趋势和市场需求以及"1+X"证书内容，精心选取专业的核心知识点和技能点，强调知识够用为度。

2）教材中贯穿"动中学、学中练、练中用"的教学活动。学生可通过动中学活动将知识与技能进行有机的交融；通过系列的学习活动学会汽车售后服务企业的工作流程和管理方法；通过小组活动培养学生与人交流、团队合作等关键通识能力；通过思政元素融入、案例分析、任务驱动等学习活动培养分析、解决问题的能力等，使学生主动参与到学习过程中，培养学生的社会主义价值观和职业道德。

3）书中配备视频、动画等信息化资源，有效解决学生弹性学习的空间和时间问题，帮助学生建立学习自信、迅速上手。此教材修订后每个任务都编制了工作页，引导学生熟悉行业新技术、新工艺、新规范，帮助学生提升职业技能。

4）书中体例编排合理、梯度明确，文字准确流畅、图文并茂、形式新颖；开发了教学评估工具，利于教师和学生及时评估教学质量，分析教学存在的问题，调整教学计划和教学方法，满足学习者学习需求。

本书共分为 5 个项目，按照人的认知规律进行编写，覆盖汽车售后服务企业经营与管理的主要认知与实践方面，帮助学习者快速融入汽车 4S 店的日常经营与管理活动中。项目一是汽车售后服务流程管理，主要帮助学习者认识汽车售后服务企业的经营模式与汽车 4S 店管理体系。项目二是汽车售后服务企业车间管理，主要帮助学习者实施维修车间管理。项目三是汽车售后服务企业安全、环保与 4S 管理，主要帮助学习者学习企业安全、环保和 4S 管理的相关知识，并能在工作中灵活运用。项目四是汽车维修配件管理，主要帮助学习者学习维修零配件的采购、仓储管理。项目五是汽车保修与保险业务管理，主要帮助学习者了解相关业务流程，并能在实际工作中实施。

课程的建议学时为 48 ~ 56 学时。

本书由重庆工业职业技术学院赵计平教授、金明副教授担任主编，由重庆市渝高汽车销售服务有限公司总经理邢永胜、重庆工业职业技术学院白云副教授担任副主编。书中前言和绪论、项目一任务一、项目三任务一由赵计平编写，项目一任务二、任务三、任务四和项目二由金明编写，项目三任务二、任务三由重庆工业职业技术学院程曦编写，项目四由重庆工业职业技术学院白云编写，项目五任务一由邢永胜、重庆工业职业技术学院梁丽编写，项目五任务二由重庆工业职业技术学院程海进、重庆三丰圣田汽车销售有限公司服务总监李振杰编写。全书五个项目14个任务的思政内容由重庆工业职业技术学院何婉亭副教授编写，全书配套电子资源由梁丽负责，全书工作任务和工作页由赵计平负责编制，全书统稿和审核由赵计平、金明负责。

本书在编写时参考了大量国内外有关书籍并借鉴了行业汽车维修手册和培训资料，谨在此向其作者及资料提供者表示深切的谢意。本书在编写过程中还得到了重庆市汽车维修行业技术专家们的大力支持，一并表示感谢。

由于编者水平有限，书中不妥之处，恳请读者和专家批评、指正。

编　者

二维码索引

V

（续）

Contents 目录

绪论

1. 课程能力标准

本书是根据《汽车售后服务技术人员培训能力标准》中的核心能力标准《QSPBS05 书写职场常规文本和完成汽车行业文档》《QSPBJ01 建立有效的工作关系》，专业特殊能力标准《QSPBW09 组织和完成日常工作活动》《QSPBP02 执行仓储规程》《QSPBL01 提供车辆损失评估，确认维修要求》，依照教育部最新教学标准、对接"1+X"汽车运用与维修（含智能新能源汽车）职业技能等级证书中"汽车维修企业运营与项目管理技术（中、高级）"职业能力进行编写的。

2. 课程学习目标

学习者通过课程学习，应该具有安全而正确地经营与管理汽车售后服务企业的能力。该能力由以下方面组成：

（1）专业知识

1）有关职场健康安全法规、环境保护法、设备、材料和个人安全要求知识。

2）与企业管理有关的知识。

3）组织的概念。

4）服务目标的内容。

5）流程管理的含义。

6）设备管理的内容。

7）生产管理（全面质量管理）的内容。

8）安全、环保管理对企业的重要性。

9）4S 管理的内容。

10）维修配件管理。

11）保修管理。

12）保险业务流程。

（2）基本技能

1）识别汽车售后服务企业的经营模式。

2）确认客户需求，按流程执行与客户互动交流。

3）遵守正确的汽车维修设备管理规程。

4）检查车辆维修工作质量。

5）监测汽车维修职场的安全、环境保护措施。

6）执行现场 4S 管理规范。

7）执行配件的仓储规程。

8）实施产品召回。

9）运用汽车保险知识对客户进行正确的解释、说明。

（3）通用能力

1）收集、分析和组织信息能力。

收集汽车售后服务企业经营与管理的信息和资料，解释先进管理理念和管理方法的历史背景、应用案例。

2）交流想法和信息能力。

应用简明的语言和交流技巧，与客户和团队成员进行交流。

询问和主动倾听客户需求，从客户处获得信息。

应用口头交流向客户说明维修方案。

3）计划和组织活动能力。

计划维修工作，充分利用时间和资源，区分重点和监督自己工作。

4）团队工作能力。

在团队工作中，理解和响应客户需求，与他人有效互动，共同完成工作目标。

5）解决问题能力。

找出企业存在的问题并灵活地解决问题。

6）应用数学思想和方法的能力。

根据测量计算误差，建立质量检验的基本概念。

7）应用技术能力。

在汽车售后服务企业工作中，应用合适的工具、采取合理的方法推进各个岗位的管理能力。

（4）职业素质

1）培养学生的爱国主义精神，民族品牌精神和以改革创新为核心的时代精神。

2）培养学生的规则意识、对待工作的责任感和使命感。

3）培养学生爱岗敬业、脚踏实地、精益求精的工匠精神。

4）培养学生勤奋好学、吃苦耐劳、专注耐心的敬业精神。

5）培养学生安全生产和"4S"作业意识，具有可持续发展的环保价值观。

6）培养学生严格按照行业、企业标准进行工作任务的良好习惯，强化标准意识、质量意识。

7）培养学生计划工作，团队合作的能力。

8）培养学生积极与他人有效互动、合作共赢意识。

9）培养学生充分利用时间和资源的能力，能区分重点和监督自己工作。

3. 1+X 技能等级证书标准对接内容

依据北京中车行"1+X"《汽车运用与维修（含智能新能源汽车）职业技能等级证书》中"汽车维修企业运营与项目管理技术（中、高级）"职业能力模块（以下简称模块 1-6（中、高级），对汽车售后服务企业经营与管理工作任务教学内容中对接"1+X"证书中相关知识要求和技能要求列举在表 0-1 中。

表 0-1　汽车售后服务企业经营与管理教学内容对接"1+X"证书知识和技能要求

能力单元名称 （能力要素）	学习内容 （能力实作指标）	1+X 技能等级证书标准	
		技能要求	知识要求
项目一 汽车售后服务流程 管理	任务一 认识汽车售后服务 企业经营模式	**模块 1-6 中级（任务 1）** 1. 能选定标识、标志、标牌和安装位置接待厅规 2. 能进行客户休息区规划 3. 能进行员工着装形象，行为规范	**模块 1-6 中级（任务 1）** 1. 企业形象特点 2. 企业形象形成过程 3. 企业形象发挥作用的机制
	任务二 拟订汽车售后服务 企业组织结构与 服务目标	**模块 1-6 中级（任务 4）** 1. 能分析当前运营情况 2. 能设立各级目标 3. 能决定战略战术 4. 能完成业务计划 5. 能向员工传达业务计划	**模块 1-6 中级（任务 4）** 1. 运营情况分析的关键点 2. 各级目标设立的方法 3. 战略战术的制定方法 4. 业务计划的制定要求 5. 传达业务计划的方法
	任务三 认识汽车售后服务 企业服务流程管理 的含义	**模块 1-6 中级（任务 6）** 1. 能凝聚团队成员战斗力 2. 能调动、鼓励他人	**模块 1-6 中级（任务 6）** 1. 如何成为优秀的团队教练 2. 如何成为绩优团队
	任务四 实施"七步法"汽 车售后服务流程 管理	**模块 1-6 中级（任务 8）** 1. 能规范维护维修/质量检查流程介绍 2. 能规范交车/结账工作流程 3. 能规范服务跟踪工作	**模块 1-6 中级（任务 8）** 1. 维护维修/质量检查流程 2. 维修修理/质量检查流程技巧 3. 交车/结账工作流程 4. 服务跟踪工作流程 5. 服务跟踪流程技巧
项目二 汽车售后服务企业 车间管理	任务一 认识汽车售后服务 企业车间设施功能 定位与区域划分	**模块 1-6 中级（任务 2）** 1. 能进行厂区规划 2. 能进行车间规划 3. 能进行工位规划	**模块 1-6 中级（任务 2）** 1. 服务站硬件设施与 CSI 的重要性 2. 硬件设施不足表现的地方 3. 厂区规划要求 4. 车间规划要求 5. 工位要求
	任务二 实施汽车维修设备 管理	**模块 1-6 中级（任务 2）** 1. 能进行设备规划和摆放位置	**模块 1-6 中级（任务 2）** 1. 设备规划和摆放位置要求
	任务三 实施汽车售后服务 企业的生产与质量 控制	**模块 1-6 中级（任务 5）** 1. 能进行车间生产现场管理 2. 能进行班组作业管理 3. 能进行车间生产调度	**模块 1-6 中级（任务 5）** 1. 汽车维修服务企业生产管理的内容 2. 车间生产流程图 3. 车间生产管理的主要内容 4. 生产调度的主要内容 5. 生产调度管理中的注意事项

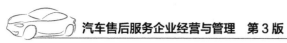

(续)

能力单元名称 （能力要素）	学习内容 （能力实作指标）	1+X 技能等级证书标准	
		技能要求	知识要求
项目三 汽车售后服务企业 安全、环保与 4S 管理	任务一 实施汽车售后服务 企业安全管理	模块 1-6 中级（任务 5） 1. 能进行安全生产管理 2. 能按导致事故和职业危害的直接原因进行分类 3. 能进行事故分类 4. 能进行原因分析：直接原因、间接原因、主要原因	模块 1-6 中级（任务 5） 1. 调度管理中的注意事项 2. 安全管理基本要素 3. 物理性危害、危害因素 4. 化学性危险、危害因素 5. 心理、生理性危险、危害因素 6. 行为性危险、危害因素。安全管理措施
	任务二 实施汽车售后服务 企业环境保护管理	模块 1-6 中级 无	模块 1-6 中级 无
	任务三 实施汽车售后服务 企业 4S 管理	模块 1-6 中级（任务 1） 1. 能做好工作场地内的所有物品整理分类 2. 能对放置在工作场所的物品按使用频率进行合理的规划，定位、定量 3. 能将工作场所内所有的地方、工作时使用的仪器、设备等打扫干净，让工作场所保持一个干净、宽敞、明亮的环境 4. 经常性地进行工作整理、整顿、清扫工作，并对以上三项进行定期与不定期的监督检查措施 5. 养成良好的习惯，遵守规则，积极主动 6. 能消除隐患，排除险情，预防安全事故，保障员工的人身安全 7. 合理利用时间、空间、能源等资源，发挥其最大效能	模块 1-6 中级（任务 1） 1. 工作场所 7S 的含义 2. 整理、整顿、清扫、清洁、素养、安全、节约七项的含义 3. 工作场所安全隐患、险情预防排除要求 4. 员工良好素养要求 5. 工作场所整理、整顿流程要求 6. 工作场所清扫、清洁流程要求
项目四 汽车维修配件管理	任务一 实施维修配件采购 管理	模块 1-6 高级（任务 6） 1. 能进行汽车配件的分类、定额、发放及管理 2. 能对汽车配件的采购与库房进行管理	模块 1-6 高级（任务 6） 1. 汽车维修物质管理的意义和任务 2. 配件管理实务
	任务二 实施维修配件仓储 管理	模块 1-6 高级（任务 6） 能对配件库存进行管理	模块 1-6 高级（任务 6） 固定资产的折旧

（续）

能力单元名称 （能力要素）	学习内容 （能力实作指标）	1+X 技能等级证书标准	
		技能要求	知识要求
项目五 汽车保修与保险 业务管理	任务一 实施汽车保修业务 流程管理	**模块 1-7 初级（任务 16）** 1. 能进行因质量缺陷产品的召回处理 2. 能参加汽车厂家组织的特殊或临时服务 3. 能进行产品质量信息的收集和反馈	**模块 1-7 初级（任务 16）** 1. 严重安全性能故障的基本原则 2. 严重安全性能故障的主要故障模式
	任务二 实施机动车保险业 务流程管理	**模块 1-7 中级（任务 2）** 1. 能查阅汽车主险相关法律法规 2. 能查阅汽车附加险的相关法律法规	**模块 1-7 中级（任务 2）** 1. 汽车主险相关法律法规 2. 汽车附加险的相关法律法规

4. 学习前学习者应具备的能力

在开始学习本课程之前，学生必须完成以下能力的学习：

- 确认安全操作规范。
- 运用安全工作条例。
- 使用和维护工具设备、测量仪器。
- 汽车系统及零部件识别。
- 讲述汽车文化。
- 汽车维护。

5. 课程学习方法

项目学习内容和学习方法建议见表 0-2。

表 0-2　项目学习内容和学习方法建议

项目名称 （能力要素）	学习内容 （能力实作指标）	学习方法建议						
		叙述式	互动式	小组讨论	案例分析	角色扮演	实做演示	现实模拟
项目一　汽车售后 服务流程管理	任务一　认识汽车售后服务企业经营模式	✓						
	任务二　拟订汽车售后服务企业组织结构与服务目标	✓		✓			✓	
	任务三　认识汽车售后服务企业服务流程管理的含义	✓		✓				
	任务四　实施"七步法"汽车售后服务流程管理	✓		✓				
项目二　汽车售后 服务企业车间管理	任务一　认识汽车售后服务企业车间设施功能定位与区域划分	✓		✓				
	任务二　实施汽车维修设备管理	✓	✓	✓				
	任务三　实施汽车售后服务企业的生产与质量管理	✓	✓	✓				

（续）

项目名称 （能力要素）	学习内容 （能力实作指标）	学习方法建议						
		叙述式	互动式	小组讨论	案例分析	角色扮演	实做演示	现实模拟
项目三　汽车售后服务企业安全、环保与4S管理	任务一　实施汽车售后服务企业安全管理	✓	✓	✓				✓
	任务二　实施汽车售后服务企业环境保护管理	✓	✓	✓				✓
	任务三　实施汽车售后服务企业4S管理	✓	✓	✓	✓	✓		✓
项目四　汽车维修配件管理	任务一　实施维修配件采购管理	✓	✓	✓				✓
	任务二　实施维修配件仓储管理	✓	✓	✓				✓
项目五　汽车保修与保险业务管理	任务一　实施汽车保修业务流程管理	✓	✓	✓	✓	✓	✓	✓
	任务二　实施机动车保险业务流程管理	✓	✓	✓	✓	✓	✓	✓

6. 课程学习资源配置

本书中对关键技术配置了动画、视频，可通过扫描二维码进行学习。

7. 课程学习鉴定指南

（1）鉴定标准　汽车售后服务企业的从业人员必须具备的基本素质和岗位能力。

（2）鉴定关键证据　考察学习者在变化的工作情况下，采用应对措施的能力。

- 遵守安全操作规范。
- 有效地与相关工作人员和客户交流。
- 选择适合工作情况的管理方法和技能。
- 完成一系列工作准备活动。
- 在规定时间内，完成相应的企业管理有关的表格设计。

（3）鉴定范围

- 基础知识和技能可以在岗或离岗进行鉴定。
- 实践技能的鉴定应当在经过一段时间的指导实践和重复练习，取得经验后进行。若不能提供职场实施鉴定，鉴定可以在模拟的工作场所进行。
- 规定的任务必须在没有直接的指导下完成。

（4）鉴定方法　鉴定必须符合企业生产实际情况和安全操作规范，必须确认知识与技能的一致性和准确性。鉴定方法见表0-3所示。

表0-3　鉴定方法

鉴定方法＼项目名称	项目一　汽车售后服务流程管理	项目二　汽车售后服务企业车间管理	项目三　汽车售后服务企业安全、环保与4S管理	项目四　汽车维修配件管理	项目五　汽车保修与保险业务管理
工作场所观察	★	★	★	★	★
模拟或角色扮演	★	★	★	★	★

（续）

鉴定方法 ＼ 项目名称	项目一 汽车售后服务流程管理	项目二 汽车售后服务企业车间管理	项目三 汽车售后服务企业安全、环保与4S管理	项目四 汽车维修配件管理	项目五 汽车保修与保险业务管理
口头提问	★	★	★	★	★
书面提问	★	★	★	★	★
技能展示	★		★	★	
案例分析			★		★
项目工作和任务	★	★	★	★	★
证据素材收集	★	★	★	★	★

（5）鉴定时间安排

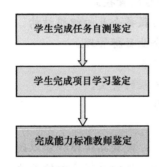

8. 教学评估方法

本书附有学生评估工具，教师和学生可以使用这些评估工具从小组学习、学习用书、教学方法、学习方法、学习鉴定五个方面开展教学评估。教师也可以根据教学中具体情况，自己设计评估问卷，进行教学评估，监控教学质量。

汽车售后服务流程管理

项目学习目标

通过本项目的学习，认识汽车售后服务企业经营模式和管理体系的相关知识，获得分析汽车售后服务组织结构和运用汽车售后服务汽车考核指标的能力。其具体表现为：

1. 职业目标

1）认识汽车售后服务企业 4S 经营模式。

2）能够分析和拟定汽车售后服务企业的组织结构。

3）能够运用汽车售后服务企业目标管理。

4）知道流程管理的含义、特点。

5）认识汽车售后服务企业流程的含义。

6）实施"七步法"工作流程。

2. 素养目标

1）培养学生的爱国主义精神，民族品牌精神和以改革创新为核心的时代精神。

2）培养学生规则意识，对待工作的责任感和使命感。

项目学习资源

有关汽车售后服务流程管理的资料，可查询文字或电子文档：

1）各汽车 4S 店的网页。

2）有关汽车维修行业的法律与法规。

3）各种介绍汽车售后服务模式的书籍。

4）汽车售后服务企业组织结构图。

5）汽车售后服务企业年度目标管理图表。

可提供学习的环境和使用的设备

1）汽车 4S 店售后服务部工作环境。

2）汽车快修连锁店工作环境。

3）汽车售后服务企业各岗位。

4）安全的工作环境和工作场所。

任务一 认识汽车售后服务企业经营模式

任务学习目标

1）知道美国汽车售后服务企业的经营模式。
2）知道日本汽车售后服务企业的概况。
3）知道汽车 4S 店的含义。
4）知道我国 3 种汽车售后服务模式的特点。

学习信息

思 政 导 学

一汽——见证新中国汽车工业的发展历程，激发民族汽车工业自豪感

造中国人自己的车——50 多年前，中国第一汽车制造厂因这个梦想而诞生。如今，一汽人在追逐这一梦想的道路上越攀越高、越进越勇。一汽的成长，见证了新中国汽车工业从无到有、从小到大的发展历程。1956 年 7 月 14 日，我国第一批解放牌汽车试制成功（图 1-1）。

1958 年 8 月，第一汽车制造厂试制成功中国人自己设计、制造的第一款高级轿车——"红旗"轿车（图 1-2）。

图 1-1 长春市各界群众庆祝我国第一批解放牌汽车试制成功

图 1-2 一汽生产的第一款"红旗"高级轿车

2019 年的一汽-大众轿车生产线如图 1-3 所示。

从中国第一辆解放牌国产汽车诞生开始，中国汽车制造已有几十年的历史。中国汽车产业的发展过程可以分成 4 个阶段：启蒙阶段、创立阶段、成长阶段、飞跃阶段。国家颁布实施《汽车产业发展政策》后，中国汽车工业有了长足发展，企业生产规模、汽车产销量、产品品种、技术水平、市场集中度均有显著进步，中国逐步成为世界汽车生产大国。与此同时，中国汽车售后服务企业经营模式逐渐形成了集汽车销售、售后服务、配件和信息服务为一体的汽车特许经营模式。

图1-3　一汽-大众轿车生产线

案 例 导 入

　　王先生是一名新车的车主，对于汽车的维护还比较陌生。他在汽车4S店购买新车后本来打算就在4S店进行维护，但朋友老李却对他说："把车子开到4S店去维护，来回距离几十公里不说，而且维护的价格也比较高。再说了，维护不就是换点润滑油吗？就在家附近随便找个地方把油换了就是，我就是在快修店维护维修，一直也没什么问题啊。"老李有多年的驾驶经验，在王先生的朋友圈里算是经验比较丰富的，他的话让王先生非常犹豫，自己的车马上要到维护周期了，到底去4S店维护还是去快修店呢？

　　王先生经过网上搜索和实地考察后认为：路边随处可见的汽车维修店是人们在汽车遇到小故障时经常光顾的地方，费用相对低得多，但存在问题却不少。路边店的大部分维修人员都没有经过专业培训，有的只会做简单的配件拆卸；而且店内设施简陋，只有简单的维修工具；有的由于场地不够，干脆摆在人行道上修理。经常光顾这些店的是一些小故障不断的出租车、低档车等。修车的钱虽然省了，但质量很难保证。4S店与快修店的经营利润都是通过材料费和人工费来获取的，而4S店的运营成本本身就高于快修店，所以同一原材料，在4S店维护费用会高于快修店。4S店在车辆维护上较为专业，但有些维修项目价位颇高。两者对比而言，4S 店有其专业之处，快修店有它便利之处。例如，在交接车手续以及维修效率上，快修店就可节省不少维修时间。

老李驾车很多年了，对于汽车的状况也非常了解，即使不到快修店他也能大概判断出汽车的故障，到快修店确实能节约一定的开支。由于缺乏一定的维修知识和经验，加之平时工作繁忙，王先生很想自己的爱车有个稳定的状态，最终他决定将车开到 4S 店进行维修以图省事、省心。老李和王先生是不同的客户类型，老李经验丰富，节约钱；王先生经验少，图省心。

分析结论

不同类型的客户对汽车售后服务的要求是不一样的，因此就有不同模式的售后服务存在。同样，不同的汽车售后服务模式的存在，也就意味着企业的组织结构可能有区别。不同模式下的汽车售后服务企业关注的重点是有差异的，因此这些企业可能运用的考核指标是不尽相同的。

一、美国汽车售后服务企业的经营模式

美国被称为"车轮上的国家"，是全球汽车行业的风向标，它的发展历史值得重视与借鉴。纵观美国汽车售后服务业的发展历史，它走过了一条发展、繁荣、衰落和再兴旺之路。特别是"养换为主，免拆维护，终身使用"的维修观念，使汽车快修养护连锁业兴旺发达，这也反映出汽车维修行业发展的必然规律。

美国的汽车售后服务企业按经营方式可以分为 4 种类型，即综合型（Full-service Gasoline Stations）、独立型（Independent Garages）、特约型（Automotive Dealerships）和连锁型（Chain Automotive Centers）。20 世纪 90 年代中期，综合型和独立型企业受特约型和连锁型企业发展模式的影响，数量迅速下降。

汽车售后服务行业连锁经营主要有两种，即特许经营模式和直营连锁模式。

1. 特许经营模式

特许经营模式指特许人将自己所拥有的商标（包括服务商标）、商号、产品、专利和专有技术、经营模式等以特许经营合同的形式授予被特许人使用。

被特许人按合同规定在特许人统一的业务模式下从事经营活动，并向特许人支付相应的费用。例如，美国国家汽车配件协会（National Automotive Parts Association，NAPA）就是以特许连锁方式组建起来的美国最大的汽车维修美容连锁经营机构。目前，NAPA 旗下大小规模的汽车售后服务连锁店达 1 万多家，在美国 50 个州星罗棋布。

2. 直营连锁模式

直营连锁模式指总公司直接经营的连锁店，即由公司总部直接经营、投资、管理各个终端店面的经营形态。总部采取纵深式的管理方式，直接掌管所有的零售点，零售点完全接受总部指挥。

直营店的主要任务是"渠道经营"，指通过经营渠道的拓展从消费者手中获取利润，因此直营连锁实际上是一种"管理产业"。这是大型垄断商业资本通过吞并、兼并或独资、控股等途径，发展壮大自身实力和规模的一种形式。

汽车地带（AutoZone）集团是全美仅次于 NAPA 的汽车维修连锁经营企业，它采用直营连锁模式。汽车地带集团的所有的成员企业都归属于汽车地带集团，由汽车地带集团的总部集中领导，统一管理公司的人事、采购、计划、广告、会计和经营方针，实行统一核算制度。各个直营店经理只是雇佣者而非所有者，各个分店都实行标准化经营管理。

二、日本汽车售后服务企业特征

在日本通过机动车维护修理业制度对汽车售后服务企业加以界定，运输省通过"认定"和"指定"的方式，规定了各类汽车售后服务企业应具备的技术力量和设备条件及其相应的业务范围。

在日本，汽车维修门店卖车、验车、保险、维修、汽车美容等都大量融入到加油站、社区之中，大多数门店都是一站式综合服务店。以日本最大的汽车售后市场连锁店奥德巴克斯为例，包含机电维修和轮胎养护的维修车间、卖场、活动区、休息区融为一体，同时将服务和标准做强做大，每一项服务都有其对应的标准服务流程。

日本的汽车售后服务企业中个体企业占总数的 63.6%，有限公司占 22.1%，股份有限公司占 13.1%。就企业规模而言，5 人以下的占 59.46%，10 人以下的占 78.32%，有职工人数 100 人和 300 人以上的分别占 3.3% 和 0.88%。另外，日本营业性汽车售后服务企业占 66.52%，每家企业平均员工数为 6.9 人；汽车销售商兼营汽车售后服务业的占 23.17%，每家企业平均员工数为 12.4 人；大公司自设汽车售后服务企业的占 10.31%，每家企业平均员工数为 12.4 人。日本国土狭小，售后服务企业属地域密集型，大约每 710 辆汽车就设置 1 家售后服务企业。日本的汽车售后服务企业要求员工具备多种能力，从接待、维修、配件出库乃至洗车都有可能由一个人单独完成。

三、我国汽车售后服务经营模式

20 世纪 90 年代中后期，我国引进国外汽车售后服务业的管理方法和维修技术，使得汽车售后服务业有了全新的发展。汽车售后服务企业常见的经营模式有 4S 店、快修店和汽车小微企业 3 种。

1. 汽车 4S 店

4S 店是集汽车销售、售后服务、配件和信息服务为一体的销售店。4S 店是一种以"四位一体"为核心的汽车特许经营模式，包括整车销售（Sale）、零配件（Spare Part）、售后服务（Service）、信息反馈（Survey）等。它拥有统一的外观形象、统一的标志、统一的管理标准，只经营单一的品牌。汽车 4S 店是一种个性突出的有形市场，具有一致的渠道和统一的文化理念。4S 店在提升汽车品牌、汽车生产企业形象上的优势是显而易见的。

4S 店模式自 1999 年由欧洲传入我国以后，逐步得到了市场和消费者的认可，开始步入飞速发展时期，被认为是我国汽车销售模式与国际接轨的标志。统一的店面格局及标准、统一的整车销售价格、高质量的维修、人性化的服务、协调一致的广告推广、迅速的信息反馈及索赔等，使得客户产生了对品牌的认可和信任，增加了购买汽车的安全感，为汽车厂商树立品牌形象起到了不可替代的作用。而品牌的形象、标准化的服务及作业、及时的配件供应、技术资料的提供、技术培训及专业化的设备支援，为经销商在当地树立自己的品牌形象、扩大销售、增加稳定客户资源、增加经济效益等方面起到了保障作用。最重要的是 4S 店的逐步完善和改进，不仅使得客户有了买车的安全感，也确确实实使客户享受到了国际化、标准化的服务，使客户满意度进一步提升。

汽车 4S 店是汽车售后服务企业的一种类型，就其售后服务的功能而言，它为客户提供厂家委托的质量担保服务，以及超出保修期后自费享受的维护以及维修等服务项目。汽车售后服务需要经营场所、专用设备、诊断仪器、专用工具、专业人员、技术支持等一系列条件作为保障，缺一不可。另外，汽车售后服务是维系汽车 4S 店生存和发展的主要利润来源，对提高客户的忠诚度、实现"再次"购车起着决定性的作用。

随着中国加入世贸组织，我国汽车市场发展迅猛，4S 店模式在我国汽车市场中取得了成功。2020～2021 年度《中国汽车流通渠道发展报告》显示，截至 2020 年底，全国授权 4S 店经销商网络数量为 28229 家，占据着绝对的主导地位。我国也是全球最大的经销商网络，有着超过 200 万的从业人员。

随着新能源汽车销量的提升，2018 年以后，由特斯拉开创的汽车直营模式席卷了整个新能源汽车市场，蔚来、理想、小鹏、合众等造车新势力纷纷进入大型商超。新的销售模式主要是针对新能源汽车。目前，新能源汽车整体占比很小，但增速远超传统燃油汽车。随着销量占比逐渐增大，在新销售模式推行过程中，厂商如何调整与经销商之间的关系值得关注。

　　汽车 4S 店是目前国内汽车售后服务企业的主流经营模式，本书所有项目和任务的相关汽车售后服务企业经营和管理知识都将以此模式为基础进行介绍。

2. 汽车快修店

汽车快修店没有明确的概念，一般来说，汽车快修店指针对汽车售后服务的一些具体项目而设置的企业。快修店不像 4S 店那样依附于汽车品牌厂商，投资规模远小于 4S 店，而且不只针对单一品牌的车型服务。汽车快修经营满足了消费者对汽车售后服务的方便、快捷、优质、实惠等需求。目前，在我国汽车售后市场中，汽车快修经营可细分为国际品牌连锁、国内品牌连锁和专业维修非连锁经营快修等。

源于德国的博世汽车在全球 100 多个国家和地区建立了超过 10000 家的博世汽车售后服务企业，在中国有 500 多家博世汽车售后服务企业，博世汽车已然成为我国目前最大的汽车售后服务组织。博世汽车建立的统一的汽车服务体系集硬件（博世汽车零配件、检测设备）与软件（技术鉴定、培训和管理理念）于一身，以保证给每位客户提供正牌的产品和及时优质的维护与维修服务。博世汽车利用其研发和零部件生产制造的优势对其加盟汽车售后服务企业提供技术培训、零部件供应、检测设备供应等服务，使得博世汽车的售后服务企业能标准化地对全部车型提供服务。

伴随互联网技术的不断发展，越来越多的资金和技术能力都涌向汽车售后的快修连锁行业，其中典型代表有途虎养车、车工坊等。途虎养车成立于 2011 年，是一家专注轮胎、机油、汽车维护、汽车美容等细分业务，为客户提供线上预约＋线下安装的养车方式的汽车养护电商平台。目前，途虎养车在全国拥有 13000 多家合作安装门店，服务能力覆盖 31

个省及直辖市、405个城市。客户可以在途虎养车官网、App、微信平台上享受专业的全年365天的售前、售后服务。车工坊是上汽通用汽车面向汽车后市场打造的连锁式汽车服务品牌，由上汽通用汽车授权认证，为车主提供跨品牌、跨业态的汽车生活服务。基于上汽通用的服务体系，依靠上汽通用车工坊的线下门店数量，车工坊推出会员俱乐部，为车主搭建集车务服务、生活服务和品牌资讯于一体的互动平台。

3．汽车小微企业

小微企业是小型企业、微型企业、家庭作坊式企业的统称。常见的汽车售后服务行业中，轮胎维修店、汽车美容店、改装店等都属于汽车小微企业。这类企业人员配置非常简单，只需个别员工具备某些专业知识和技能就能维持运营，极少员工接受过汽车维护方面的系统学习或培训，汽车检测设备和维修工具十分有限，零配件的供应依赖于零配件市场。因此汽车售后服务的质量存在较大的波动。其业务流程一般不容易规范，极易造成客户的不信任感。但因其收费相对低廉，地理位置遍布小区、社区、临街支路等地，特别适合掌握一定汽车专业知识和技能的人员创业就业，且当前国家对小微企业有一定的政策扶持，因此汽车小微企业具有一定的市场。

小贴士

汽车小微企业的崛起

自2014年首次提出"大众创业万众创新"至今，"双创"已成为经济社会发展的主题词之一。鼓励"双创"有利于解决更多人的就业问题，保障民生；有利于推动产业结构调整，带动大数据、互联网等技术的发展和应用，为创新企业提供良好土壤。《创业报告2020》公布2020年新增小微企业数量近1500万家。

为了改善中小企业经营环境，2017年《中华人民共和国中小企业促进法》从"财税支持、融资促进、创业扶持、创新支持、市场开拓、服务措施、权益保护、监督检查"等方面来保障中小企业公平参与市场竞争，维护中小企业合法权益，支持中小企业创业创新，促进中小企业健康发展，以扩大城乡就业，发挥中小企业在国民经济和社会发展中的重要作用。

？ 回答下列问题

1．判断下面说法的正确性，请在对应的"□"中画上"√"。

1）汽车售后服务企业就是汽车维修企业。

正确　　□　　　　　　　　错误　　□

2）我国汽车售后服务企业一般是由国有企业或民营企业投资兴建的。

正确　　□　　　　　　　　错误　　□

3）NAPA是美国最大的汽车维修美容连锁经营机构。

正确　　□　　　　　　　　错误　　□

4）日本的汽车维修企业员工人数都非常多，因为日本地域狭小，车辆众多。

正确　　□　　　　　　　　错误　　□

5）4S 店模式是中国汽车售后服务企业的主流模式，目前是最大的能够保障客户权益的经营模式。

　　正确　　□　　　　　　　　　　错误　　□

6）汽车小微企业是规模较小、经营灵活的汽车售后服务企业常见的模式。

　　正确　　□　　　　　　　　　　错误　　□

🔧 工作任务及工作页

　　收集相关资料，仔细分析不同类型的汽车售后服务企业，对各自特点进行总结，并填写在表 1-1 中。

表 1-1　不同类型的汽车售后服务企业的特点

特　点	经营模式		
	4S 店	连锁快修店	汽车小微企业
投资成本			
便捷程度			
维修质量			
服务内容（救援、车友会）			
服务质量			
收费标准			

任务二　拟订汽车售后服务企业组织结构与服务目标

🏆 任务学习目标

1）认识企业组织的含义和类型。

2）知道汽车售后服务企业的组织结构类型和岗位职责。

3）学会拟订汽车售后服务企业组织结构。

4）知道汽车售后服务企业基本年度计划运营的方式。

5）能够运用主要服务目标（MSI）指标。

📖 学习信息

思 政 导 学

重庆长安汽车股份有限公司（长安汽车）第三次创新创业计划——中国品牌组织结构

　　2017 年，我国自主生产的长安汽车发起"第三次创业——创新创业计划"，致力于向智能出行科技公司转型，并以打造世界一流汽车企业为目标、以创新为驱动，将效率打造成为组织核心竞争力，着力推动四大转型、三大创新，将长安汽车打造成为具有国际竞争力的中国品牌。

目前，长安汽车拥有全球 16 个基地、35 个整车及发动机工厂、41 个合作海外国家和地区。长安汽车形成的组织结构如图 1-4 所示。

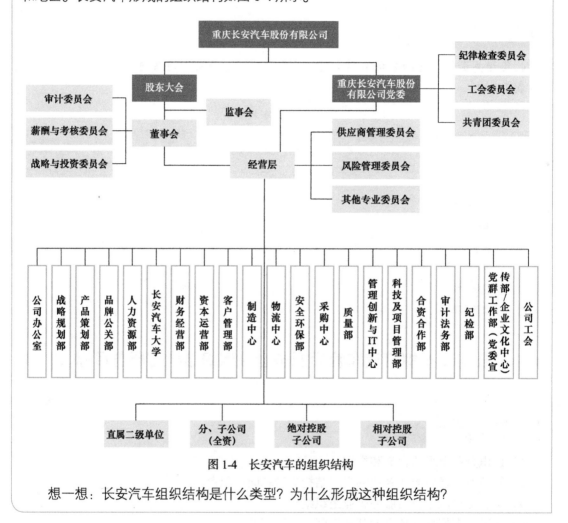

图 1-4　长安汽车的组织结构

想一想：长安汽车组织结构是什么类型？为什么形成这种组织结构？

案例导入

康洁利公司是一家中外合资的高科技专业涂料生产企业，总投资 594 万美元，其中中方占有 60% 的股份，外方占有 40% 的股份，生产多彩花纹涂料等 11 大系列高档涂料产品。康洁利公司引进的先进技术、设备和原材料均来自美国，中外双方都认为由美国人来管理公司有利于消化吸收引进技术和提高工作效率，于是米勒先生就顺利地担任了这家公司的总经理，中方推荐两名副总经理参与管理。

米勒先生有 18 年管理涂料生产企业的经验，自称"血管里流淌的都是涂料"，对振兴康洁利公司胸有成竹。然而一年过去了，米勒先生却离开公司，失望地返美。米勒先生曾经在日本、荷兰主持建立并成功地管理过涂料工厂，有丰富的管理经验，究其失败的原因，主要是他不了解中国的实际情况，完全照搬他过去惯用的企业管理模式，"要让康洁利公司变成一个纯美国式的企业"。

康洁利公司在米勒走后，选择了一位懂经营管理、富有开拓精神的年轻副厂长任总经理，并组成了新的领导班子。新的领导班子迅速调整了组织结构，制定了新的规章制度，调动了全体员工的积极性，很快让企业走上了正轨，实现了盈利。

分析结论

在企业一定的经营模式情况下，企业根据自身的情况设立其组织结构，并让其组织结构随着内、外环境的变化而不断改善。组织内的分工是因人而异的，成员的重要性由能力和贡献来决定。能力有区别，贡献有大小，好的组织能让恰当的人在恰当的位置发挥恰当的作用。人员的指示命令系统对保障顺畅的组织运营来说非常重要。应以充分发挥汽车售后服务企业的运营功能为前提，在综合人员的经验、能力、年龄等情况后制订该系统的结构。

一、组织的含义

从管理学的角度，可以给组织下这样的定义：组织是为有效地配置内部有限资源，为了实现一定的共同目标而按照一定的规则、程序所构成的一种责权结构和人事安排。其目的是确保以最高的效率使组织目标得以实现。

组织实体是为实现某一共同目标，经由分工与合作及不同层次的权力和责任制度而构成，并与外部环境相适应的有机结合体。这里包含了以下4层含义：

1）组织必须具有共同的目标。目标是组织存在的前提，因为任何组织都是为了某种目标而存在的。汽车售后服务企业的目标是为社会提供汽车维修和服务而盈利。

2）组织必须有分工与合作。这是组织目标所决定的。企业为了达到经营目标，有采购、生产、销售、财务、人事等许多部门，每个部门都从事专门的工作，但又要相互配合。

3）组织必须有不同层次的权利与职责。这是由于有分工，就要赋予每个部门以至每个人相应的权利和职责，否则就无法保证组织目标的实现。组织成员都要履行自己的职责，也就必须拥有履行职责的必要权利，有权无责或有责无权都不利于达成组织的目标。

4）组织必须适应环境。组织系统是社会大系统的子系统，子系统必须要适应大系统，才能有生存和发展的条件。如果一个组织不能适应环境，这个组织总有一天要崩溃或解体。

二、组织结构类型

组织结构是表现组织各部分排列顺序、空间位置、聚集状态、联系方式以及各要素之间相互关系的一种模式，它是执行管理和经营任务的机制。好比人体的骨架一样，组织结构在管理系统中起着"框架"的作用，有了它才可能有系统中人流、物流、信息流的流通。组织结构的合理完善很大程度上决定了组织能否顺利实现目标，能否促进个人在实现目标过程中做出贡献。

对于不同性质、不同规模的组织来说，组织结构多种多样。在实际的管理工作中，至少可以发现有20种不同类型的组织结构，但它们都是由一些基本类型组合而成的。常见的组织结构的类型有以下6种。

1. 直线型组织结构

直线型组织结构是最古老、最简单的一种组织结构形式。它的特点是：组织中各种职务按垂直系统直线排列，各级主管人员对所属下级拥有直线的领导职权，组织中每一个人只能向一个直接上级报告，组织中不设专门的职能机构，至多有几名助手协助最高层管理者工作。直线型组织结构示意图如图1-5所示。

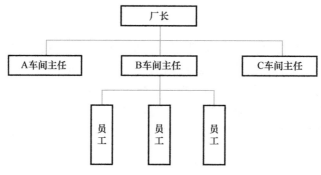

图 1-5　直线型组织结构示意图

2. 职能型组织结构

职能型组织结构的特点是：采用专业分工的管理者代替直线型组织中的全能型管理者。组织内除直线主管外还相应地设立一些组织机构，分担某些职能管理的业务。这些职能机构有权在自己的业务范围内向下级单位下达命令和指示，因此下级直线主管除了接受上级主管的领导外，还必须接受上级职能机构在其专业领域的领导和指示。职能型组织结构示意图如图1-6所示。

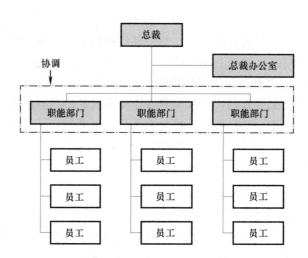

图 1-6　职能型组织结构示意图

3. 直线职能型组织结构

直线职能组织结构是对职能型组织结构的改进，是以直线型组织为基础，在各级直线主管之下设置相应的职能部门，即设置了两套系统：一套是按命令统一原则组织的指挥系统；另一套是按专业化原则组织的管理职能系统。其特点是：直线部门和人员在自己的职责范围内有决定权，对其所属下级的工作进行指挥和命令，并负全部责任；职能部门和人员仅是直线主管的参谋，只能对下级机构提供建议和业务指导，没有指挥和命令的权力。直线职能型组织结构示意图如图1-7所示。

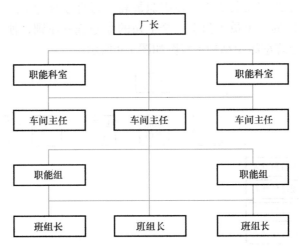

图1-7 直线职能型组织结构示意图

4. 事业部制组织结构

事业部制组织结构最初由美国通用汽车公司副总经理斯隆创立，所以又称"斯隆模型"，由于是分权制组织形式，也称"联邦分权化"组织结构。它是在产品部门化基础上建立起来的。组织的最高层领导下设多个事业部，各事业部有各自独立的产品市场、责任和利益，是实行独立核算的一种分权管理组织结构。同时，事关大政方针、长远目标以及一些全局性的重大决策集中在总部，以保证企业的统一性。这种组织结构形式最突出的特点是"集中决策，分散经营"，即组织最高层集中决策，事业部独立经营。事业部制组织结构示意图如图1-8所示。

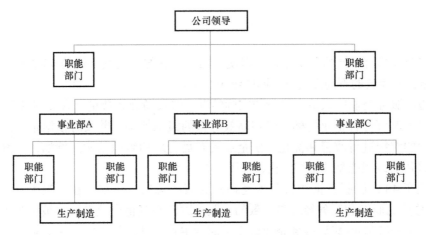

图1-8 事业部制组织结构示意图

5. 矩阵型组织结构

矩阵型组织结构是按职能划分的部门和按产品（或项目，或服务等）划分的部门结合起来组成一个矩阵，使同一个员工既同原职能部门保持组织与业务的联系，又参加产品或项目小组的工作，即在直线职能型基础上增加了一种横向的领导关系。为了保证完成一定的管理目标，每个项目小组都设负责人，在组织最高主管直接领导下进行工作。这种组织结构的特点是打破了传统的一个员工只有一个上司的命令统一原则，使一个员工属于两个甚至两个以上的部门。矩阵型组织结构示意图如图1-9所示。

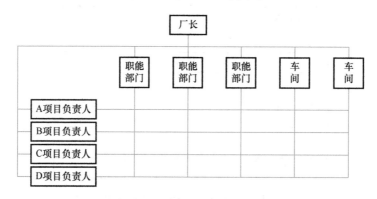

图1-9　矩阵型组织结构示意图

6. 新型组织结构

近年来，人类社会面临着国际上政治、经济、社会等方面的巨大变化，企业体制正在发生巨变，企业为适应环境变化和提高内部运行效率，创造出了一些新的组织结构。例如网络结构，其特色是将企业内部各项工作（包括生产、销售、财务等）通过承包合同交给不同的专门企业去承担，而总公司只保留数量有限的职员，他们的主要工作是制定政策及协调各承包公司的关系。又如团队结构，是一种为了实现某一目标而由相互协作的个体组成的正式群体。再如虚拟结构，是一种只有很小规模的核心组织，以合同为基础，依靠其他商业职能组织进行制造、分销、营销或其他关键业务的经营活动的结构。

三、汽车售后服务企业的组织结构

不同的企业具有不同的组织结构，即使是同一品牌的厂商其下辖的4S店有可能因为人员经验、能力和年龄的不同而具备不同的组织结构。

汽车售后服务企业应该结合自身的实际情况（如入场维修数量、人员规模等），按照品牌厂家的建议制订符合企业目标、能够高效运营的组织架构，并及时根据企业的发展状况不断对企业的组织进行改善和优化，使企业具有最合理的组织结构。例如，一汽丰田旗下4S店大多采用直线职能型的组织结构，如图1-10所示。

某些汽车4S售后服务企业将服务经理称为服务总监。例如，在一汽大众（含奥迪品牌），服务总监的职能和服务经理是一致的，服务顾问在其他企业有可能被称为维修前台或前台接待。某些汽车4S售后服务企业设立了前台主管（服务主管），这种企业一般是在业务繁忙的情况下，设立主管代表服务经理跟客户接触，并帮助服务经理管理服务顾问。某些汽车4S售后服务企业还可能设立了技术总监一职，技术总监是独立于4S店流程运营的单独职位，主要职能是对汽车售后服务企业的生产质量负责，并负责员工的技术培训。

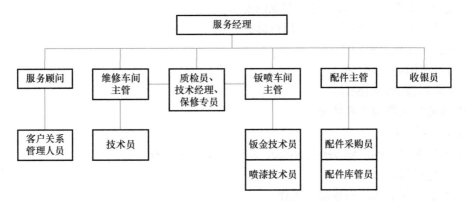

图 1-10　一汽丰田旗下 4S 店组织结构示意图

四、汽车售后服务企业各岗位职责

汽车售后服务企业的组织结构可能存在细微的差异，但对于每个企业来讲，各组织成员明确职责、团队合作发挥其组织功能是非常重要的。将每个组织成员的工作内容和前期组织架构图发给所有组织成员，或者张贴在醒目的地方，使所有人都能充分了解。职责内容可不局限于下列规定，应根据每个员工的能力和经验进行适当变更。以下以一汽丰田汽车销售有限公司为例对相关岗位的建议职责做一个介绍。

1. 服务经理的职责

服务经理的职责主要包括以下 10 项：

1）设定维修服务和配件销售的目标（有偿入库台数、工时费营业额、配件销售额、生产能力指标等）。

2）管理目标和实际业绩，做出评价并制定政策（采用图表等可视化方法）。

3）进行员工的人事管理（健康管理、员工满意）、业绩评估。

4）以人才培养和实现目标为目的，掌握每个人的培训需要，进行必要的培训或安排其参加培训。

5）制订业务流程。

6）处理客户投诉。

7）与销售及财务等其他部门合作，和总经理进行沟通。

8）管理日常业务进度，发现和处理异常情况。

9）遵守品牌厂商的要求和委托事项（如车辆召回、服务宣传活动、客户满意改善等）。

10）向厂商报告市场技术问题。

2. 车间主管的职责

车间主管的职责主要包括以下 14 项：

1）根据每个工单的难度给技术员派工。

2）进行维修进度管理，针对延长作业时间及追加作业项目联系服务顾问。

3）管理并监督维修作业，必要时对技术员进行技术指导、对故障诊断进行技术支持。

4）实施完工检查（也可由质检员进行，但要做最终确认）。

5）完全了解工单中记录的客户的维修要求。

6）追究返修原因和防止再次出现返修。

7）维护和采购维修设备。

8）维修车间的4S管理。

9）保管和管理索赔配件。

10）管理技术员的出勤情况。

11）填写技术报告。

12）指导PDS（Pre-Delivery Service，即新车交车前服务）。

13）杜绝返修。

14）开展环保活动、指导员工工作。

3. 服务顾问的职责

服务顾问的主要职责是贯彻服务流程，具体包括以下8项：

1）预约接待（也可设专职接待人员）、制作和管理预约接待表。

2）接待来店客户。

3）根据客户的维修需求，正确填写工单，并请客户对作业内容认可并签字。

4）当发生追加作业且预计超过报价金额或需延期交车时，获得客户的理解。

5）向等待维修的客户报告作业进展情况。

6）登记客户信息，记录作业内容和同客户的联络内容，向客户推荐下一次的入厂维修。

7）掌握车辆维修进度。

8）对事故车进行报价，和保险公司交涉。

4. 客户关系管理人员的职责

客户关系管理人员的职责主要包括以下4项：

1）入厂维修后的电话回访。

2）电话回访中向客户推荐下一次入厂维修。

3）维护更新客户资料。

4）协助或组织售后服务客户活动。

5. 质检员的职责

质检员的职责主要包括以下两项：

1）修理过程中的检查（发动机、制动器、转向系统等大修）和完工检查。

2）完工检查后的技师指导、培训。

6. 技术员的职责

技术员的职责主要包括以下6项：

1）彻底修理故障车辆。

2）在有可能追加维修项目、延长作业时间时，迅速向车间主任报告。

3）进行新车型和新系统的培训，掌握厂商提供的技术信息。

4）提高技术能力（接受培训、自学，如在空余时间时学习修理手册等资料）。

5）推广维修车间的4S。

6）参与环保活动（适当处理废油和更换下来的配件）。

7. 保修专员的职责

保修专员的职责主要包括以下 3 项：

1）填写和结算保修申请单、再申请被退保修申请单。

2）管理保修费用。

3）管理索赔配件。

8. 配件主管的职责

配件主管的职责主要包括以下 4 项：

1）进行正确的配件库存管理。

2）订购配件。

3）检索维修中需要的配件编号并出货，为预约维修的车辆实现备货。

4）管理在途配件和紧急订货。

9. 客户休息室工作人员的职责

客户休息室工作人员的职责主要包括以下 6 项：

1）在客户休息区迎接客户。

2）给客户准备饮品等。

3）配合清扫人员，保持休息区所有设施干净、整齐。

4）每天早晨开始营业前，检查报纸和杂志，随时更新。

5）掌握休息区内各个设施的使用方法和注意事项，根据实际情况向客户进行说明。随时调节室内温度和照明度并进行通风换气。

6）保持休息区愉快轻松的气氛，配合客户和服务顾问之间的沟通。

五、汽车售后服务企业的服务目标管理

服务目标是汽车售后服务企业目标管理的重要组成部分，服务目标可以分解为汽车售后服务企业基本年度计划、中期计划和主要服务指标，这是根据管理战略需要分阶段来确立的。

目标管理的定义

在汽车售后服务部门中，服务经理的职责是建立部门服务目标，培养服务人员之间的合作精神并提供支持和指导，以此让员工可以达到这些目标。除处理日常事务，如工作分配、投诉处理、销售图表分析或维修车辆记录等工作外，服务经理更重要的职能是明确服务目标，制订详细的活动计划以及执行措施并管理这些计划。服务目标经常作为管理战略的一部分从总经理处传达下来。尽管如此，如果未制订服务目标，必须与总经理协调制订，并介绍给员工。

1. 建立服务目标的目的

1）通过确立服务目标，以及仔细考察服务市场状况和实际工作条件，制订并贯彻详细的执行计划。

2）保证工作按照计划、标准和最初时间表进行，并不断地监控和测评。

3）针对任何意外情况制订新策略，提供适当的指导和支持，以让员工能够完成目标。

2. 汽车售后服务企业基本年度计划

汽车售后服务企业基本年度计划指对一年中企业的发展方向、发展目标、重大事项做

出预算或是计划。其制订步骤如下：

（1）提出目标　提出切合实际的目标至关重要，其具体内容包括：

1）为实现服务部门的目标，对执行方法和如何有效完成工作制订计划。

2）通过确定部门的发展方向和必须达成的目标，统一所有服务员工的意识。

3）提升服务员工的主观能动性，以使服务经理免于陷入繁杂的日常事务。

（2）确定计划制订方法　如果总经理没有提供服务目标，服务经理必须在考虑以下条目的基础上制订目标。

1）基于上一年度的表现确立本年度服务目标。

2）基于对上一年度的反省（如问题）建立本年度优先计划（如改善建议）。

3）制订详细的执行计划（如优先顺序计划、设备计划）。

（3）确定计划制订重点　它是指在计划制订时必须详加考虑的地方。

1）年度计划必须与基本管理政策相符，必须遵守由上级确立并垂直传达给下级的目标。

2）初始目标必须保持连续性和协调性，以防侵害其他部门的工作。

3）以上两点发生问题和错误时，必须进行彻底研究，制订改善计划。

4）按照以下方式思考，开发新政策：

哪些政策需要终止——是否有陈旧的或者不适合在当前运用的措施？

哪些政策需要完善——是否有必须建立的新规定？

哪些政策需要保持——是否有必须列为日常事务的标准？

5）按照5W2H原则制订详细计划。5W2H，即Why——目标，目的；What——要做什么，有何特性；Who——谁参与；Where——发生地点，场所；When——什么时候，到何时为止；How——怎么做，何种方法；How much——预算，必要费用预算。为了制定一项政策，必须仔细研究前一时期或去年同期的业绩。这是因为业绩代表了一项业务政策的活动成果。因此，了解什么样的政策和计划取得了什么样的成果是很重要的。

6）尽可能地让员工参与到制订这些计划的过程中。

7）将基本政策用简洁明了的语言草拟出来，以使大家理解。对已达成的业务目标以及优先改善项目的进展进行总结。将结果进行分析并将其向总经理报告；同时，向服务员工通报要点，如维修台次，投诉及其原因。

3．汽车售后服务企业中期计划

汽车售后服务企业中期计划是企业管理战略的重要组成部分，企业不仅要做好年度工作、日常工作，也需要有较长远的发展规划，对未来几年的市场环境、业务范围、产量产能做出预测和判断，以使企业在不断变化的市场环境中立于不败之地。

服务目标管理不但要注重短期效果，更要围绕中期计划展开，因此中期计划需要包含着眼于未来的因素（如未来前景、进度）。

（1）中期计划目标　中期计划目标通常包含以下内容：

1）预测未来市场并快速适应市场的任何变化（定性和定量），如扩大服务企业的服务能力。

2）强调服务企业对于投资人的重要性并鼓励其对服务企业进行投资。

3）明确计划内服务业务的增长和扩展。

（2）中期计划制订方法　以企业现有的中期计划为基础（如资本投资、员工数量、新车销售量），总经理将提出中期计划以供讨论；如果没有现成的计划，应在总经理对未来规划的基础上（如提升售后服务市场占有率）研讨制订。

（3）制订计划应具备的条件　中期目标计划的制订应注重全面且具有可操作性，具体条件包括：

1）业务目标（例如，在销售量增加或现役车次增加基础上的维修台次）。

2）为实现上述目标的服务容量扩展（如增加维修车间数量，装修客户休息室）。

3）员工计划（如聘请技师，培训服务顾问）。

4）设施计划（如扩大服务部规模）。

4．汽车售后服务企业主要服务指标

汽车售后服务企业的年度政策和业务目标主要用主要服务指标（Major Service Indicators，MSI）进行监控。MSI 可以让总经理和服务经理监控服务部门的每日绩效，并针对预设的年度计划进行比较。因此，服务经理应具备 MSI 术语、定义和计算方法的基本知识。

主要服务
指标（MSD
的内容

（1）MSI 管理的目标　汽车售后服务企业 MSI 管理的目标主要由 3 个部分构成。MSI 管理的目标见表 1-2。

表 1-2　MSI 管理的目标

序　号	管理的内容	描　述
1	达到业绩目标	MSI 是基于预设目标，监控其执行进度的精确管理工具。通过应用 MSI，服务经理可以基于目标理念进行管理，从而达到业绩目标
2	找到服务部门的缺点	通过与其他店的业绩进行比较，可以发现服务部门的弱点区域，并采取相应措施，以阻止有偿维修台数的下降
3	制订未来发展计划	为服务部门将来的扩展制订计划，如招聘员工、增加工位数量等计划

4S 店模式的汽车售后服务企业，一般都在年底或年初设定售后服务主要月度和年度的管理目标，设定这一目标时，还要和品牌厂商进行沟通，争取和品牌厂商的计划相协调。MSI 年度目标管理见表 1-3。

表 1-3　MSI 年度目标管理

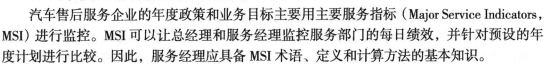

目标管理项目		1月	2月	3月	4月	…	11月	12月	累　计
客户付款定期维护台次	2021 年实绩								
	2022 年目标								
	2022 年实绩								
	达成率								
	前比								
维护外客户付款维修台次	2021 年实绩								
	2022 年目标								
	2022 年实绩								
	达成率								
	前比								

（续）

目标管理项目		1月	2月	3月	4月	…	11月	12月	累　计
钣喷维修客户付款维修台次									
一般维修工时收入									
一般维修配件收入									
钣喷维修工时收入									
钣喷维修配件收入									

（2）MSI 使用方法　MSI 可以根据时间的长度来合理利用，如月度、季度、半年、全年，也可根据需要来比较自身和他店以便找到不足。

1）制订月度和季度服务业绩报告。业绩报告可以利用 MSI 月度或季度的方式，监控服务部门的工作绩效。例如，全国平均比较、月工作进度和去年业绩比较等，都能找到经营问题点。

2）使用雷达图比较自身和其他店的服务指标。

3）目标制订，MSI 的另一种使用方法是制订未来目标。例如，基于未来销售计划对保有量进行估算；系统化地确定维修工位、技师的适当人数，以及基于预期维修需求的服务顾问人数。

（3）目标制订的方法　目标制订可以采用不同的方法。以下方法是一汽丰田汽车销售有限公司推荐给 4S 店使用的，以供参考。

1）客户保有数据确认，可从车管所等部门查询确认当地品牌汽车的信息（车牌号、联系电话等）。

2）对自有客户资料进行分类，整理出有效的客户资料，将其按来店频次分类统计、整理（按 1～6 次统计）。

3）依据来店频次客户数乘以来店频次，得到可能产生的来店量。

4）测试历史单个客户付款维修贡献的产值及续保、精品等指标，并适当调整。

5）根据以上数据算出总体目标值。

6）根据总体目标，设定人力资源、设备资源及资金等。

7）与总经理和厂商沟通总体目标值的设定，取得最终确认。

8）实施和监控（对来店台数、工时、配件等各项指标的完成情况每天跟踪，每周分析、调整业务策略，每月调整劝诱、促销的方向和重点）。

9）每季度检查目标执行效果，确定是否需要调整目标和相关各项数字和资源；年终进行总结、分析，确定来年的目标。

❓ 回答下列问题

1. 判断下面说法的正确性，请在对应的"□"中画上"√"。

1）企业的组织结构一旦确立，一般不用再进行变化。

正确　　□　　　　　　　　　　错误　　□

2）组织是为了有效地配置内部有限资源，实现一定的共同目标而按照一定的规则、程序所构成的一种责权结构和人事安排，其目的是确保以最高的效率使组织目标得以实现。

正确　□　　　　　　　错误　□

3）在实际的管理工作中，只有6种不同类型的组织结构。

正确　□　　　　　　　错误　□

4）某机电维修工临时需要请假，他应该首先向服务经理报告，因为服务经理的职责之一就是负责员工的人事管理。

正确　□　　　　　　　错误　□

5）车间技术员在更换保修配件后，应将更换下来的配件交由配件管理员进行统一管理。

正确　□　　　　　　　错误　□

6）目标管理是企业领导层的事，和一般员工关系不大。

正确　□　　　　　　　错误　□

7）传统管理被认为是过程驱动，过程带来结果；目标管理被认为是目标驱动，目标带来结果。

正确　□　　　　　　　错误　□

8）汽车售后服务企业实行目标管理就是为了达成业绩。

正确　□　　　　　　　错误　□

9）MSI 年度目标管理可以分解为半年目标管理和季度目标管理。

正确　□　　　　　　　错误　□

10）汽车售后服务企业制度目标时依据往年数据即可。

正确　□　　　　　　　错误　□

2．根据车间主管的工作职责，你认为担任车间主管应具备什么样的能力？请你设计担任车间主管的某一天应该做的事情。

_____

_____

_____

_____

_____

_____

3．填写 5W2H 原则的内容，并说明其中文含义：

W（　　　）—— _____

W（　　　）—— _____

W（　　　）—— _____

W（　　　）—— _____

W（　　　）—— _____

H（　　　）—— _____

H（　　　）—— _____

任务三　认识汽车售后服务企业服务流程管理的含义

任务学习目标

1）认识流程管理的含义和特点。
2）知道流程管理与职能管理之间的主要区别。
3）知道汽车售后服务企业服务流程的含义。

学习信息

思政导学

上汽大通——流程管理成就客户成功

上汽大通汽车有限公司（简称上汽大通）是中国探索汽车制造"C2B理念"的先驱者，拥有上汽大通 MAXUS、LDV 和伊斯坦纳三大世界品牌，产品覆盖宽体及窄体轻型客车、轻型货车、特种改装车等领域。

随着发展，上汽大通面对业务服务范围内发现：原有 OA 没有办法覆盖所有业务流程、日常管理仍以手工方式进行，手工录入错误率高；EWO 生产过程周期长；自建系统多，流程中有很多集成需求难以落地等问题。

为此，上汽大通凭借 K2 BPM 丰富的流程业务经验，通过 100 个流程提高了整个公司的工作效率和管理效率，降低了出错率，增进了部门间的协同效率。

流程管理的目的绝不仅仅是为了规范企业的管理，让各岗位、各部门的业务操作有章可循、有据可依，这只是企业管理的最基本的要求。部分流程项目失败是因为只做了现有流程的"显性化"，而没有真正从为客户、为公司创造价值的视角去分析流程的缺点并优化设计。

流程管理更重要的目的是根据企业运营管理过程中存在的问题，从跨部门、跨岗位的角度进行全面的诊断分析，从而有针对性地进行优化，以提高整体运营效率、降低过程浪费、提高客户响应速度和质量，更好地满足客户变化的需求。

想一想：你能为上汽大通业务挑战提出具体的流程管理策略吗？

案例导入

美国通用电话电子公司是美国最大的一家提供地区电话服务的公司，作为该公司的客户，如果你的电话坏了，可以向公司通报有关问题。以前，公司会把你转到一位维修人员那里，维修员只是记录有关情况，却并无工具、技能或权利来做些什么。然后，该情况转给叫作线路检测员的某个人，由他去检查是否公司中枢开关或者线路出了什么问题。如果确定，线路检测员将情况转给中心技师，或者转给调度员，由他将事情派给维修技工。最后，这位维修技工上门维修设备。从这一流程中可以看到，电话坏了的信息被一再传递，传递过程中一再产生新的关于线路情况的信息，但所有提供和传递信息的人都不处理信息，直到最后由维修技工处理，这种管理方式叫作职能管理。可想而知，即使信息在传递中确保没有含糊和错误，这一流程也将浪费大量的时间。在流程管理被应用之前，大多数公司或部门均是采用这样的职能管理方法。

后来通用电话电子公司重新塑造了维修流程，维护和维修从头到尾只由一个人完成，此人的职位是客户利益维护员。当电话客户通报自己的问题时，与之交谈的客户利益维护员有能力并有工具检测线路、调整中枢软件或找到电话线路网的问题，一切都在与客户交谈的同时进行。很多情况下，客户利益维护员甚至在客户还拿着电话时就已经解决了问题。如果不能马上修好，客户利益维护员就担当起调度员的角色，查阅维修技工的工作日程安排，告诉客户维修技工何时前往维修。

分析结论

从以上例子不难看出，客户导向是企业的流程导向，工作流程是围绕最终成果（客户）而不是按照工序进行组织。对工作流程进行管理就是流程管理，这对于汽车售后服务企业同样具有十分显著的意义，其核心目的是达到工作流程和生产率的最优化。

流程管理的含义

一、流程管理的含义

1. 流程

简单地说，流程就是做事情的顺序。比如，一个人到医院看病，他需要先挂号，再就诊，再开处方，然后划价、交钱，最后才拿药。这就是一个流程，而看急诊就是另外一个流程了，可以直接到急诊室就诊、治疗，然后再一并交钱。近年来，有些医院为了提高效率，减少病人的麻烦，推出了类似于急诊做法的普通门诊流程，这就是一个小规模的流程再造。

当然，企业的流程更为复杂，不仅生产有生产流程，财务有财务流程，更有新产品开发的流程，企业发展战略的研究制订流程等。

企业流程，从总的方面来说，就是企业完成其业务获得利润的过程；企业的业务流程再造，就是对这一流程进行重新设计塑造。

2. 流程管理

流程管理是一种基于企业业务流程进行管理、控制的管理模式，代表着一种对新的企业组织工作模式的追求。

流程管理所强调的管理对象是企业业务流程，传统的企业中，流程分布在各个部门中，以部门为界限被分割开来，而流程管理理论认为流程的这种分散正是企业绩效产生问题的根源。只有把全部流程当作整体对待并进行全程的管理，才能大幅度提高业绩。

因此，流程管理强调以流程为目标，以流程为导向来设计组织框架，同时进行企业业务流程的不断再造和创新，以保持企业的活力。

> **小贴士**
>
> 　　流程就是做事的步骤。流程管理存在于生活的方方面面，它是用科学的方法高效有序地处理事务，使工作事半功倍、生活更加井井有条。考虑细节、注重细节的人，不仅对待工作认真，将小事做细，而且注重在做事的细节中找到机会，从而使自己走上成功之路。"把细节做到极致就是完美"，细节做好了，要做的事情就成功了大半。对于一个汽车售后企业来说，每个员工在工作中都应该具有强烈的规则意识，遵守制度，才能达到预期的经营目标。

二、流程管理的特点

流程管理的特点

流程管理具有以下特点：

（1）突出流程导向组织模式　流程管理强调以流程为导向的组织模式重组，以追求企业组织的简单化和高效化。

（2）反向思维　流程管理从结果入手，倒推其过程，这样它所关注的重点首先就是结果和产生这个结果的过程，意味着企业管理的重点转变为突出客户服务、突出企业的产出效果、突出企业的运营效率，即以外部客户的观点取代内部作业的观点来设计任务。

（3）注重过程效率　流程是以时间为尺度来运行的，因此这种管理模式在对每一个事件、过程的分解过程中，时间是其关注的重要对象。

（4）强调全流程的绩效表现　流程管理将所有的业务、管理活动都视为一个流程，注重它的连续性，以全流程的观点来取代个别部门或个别活动的观点，强调全流程的绩效表现取代个别部门或个别活动的绩效，打破职能部门本位主义的思考方式，将流程中涉及的下一个部门视为客户。因此，流程管理将鼓励各职能部门的成员互相合作，共同追求流程的绩效，也就是重视客户需求的价值。

（5）关注流程的目的　流程管理强调重新思考流程的目的，使各流程的方向和经营策略方向更密切配合，不致流于"依法行事"。

（6）使信息流更加顺畅　流程管理强调运用信息工具的重要性，以自动化、电子化来体现信息流增加效率。

三、流程管理与职能管理之间的主要区别

职能最简单的解释就是人、事物、机构所应有的作用。职能管理连在一起，可以理解为人或者机构发挥梳理与引导的作用。其作用是通过具体的工作而达到目标或者说效果，因此，做了才有得说，是践行管理、显现职能的必需途径。

职能管理是将管理基础与特定的管理职能相结合，以提高组织职能部门的效率。它主要包括生产管理（运作管理）、市场营销管理、财务管理、人力资源管理、研究与开发管理、贸易管理等。

流程管理与职能管理的主要区别有以下几点。

1．管理关注的重点不同

职能管理关注部门的职能完成程度和垂直性的管理控制，其重要特点是重视职能管理和控制，部门之间的职能行为往往缺少完整有机的联系。

流程管理关注的重点是目标，以企业战略总目标、客户需求、市场占有率为导向，将企业的行为视为一个总流程下的流程集合，对这个集合进行管理和控制，强调全过程的协调、目标化。

2．管理的标准不同

职能管理一般缺少时间标准，这一最重要的工作标准一般是由该部门的主管领导临时确定的，这就大幅加重了主管领导的工作量且标准不确定，导致整体工作效率大幅降低。

流程管理则相反，每一件工作都是流程的一部分，是一个流程的节点。它的完成必须满足整个流程的时间要求，时间是整个流程中最重要的标准之一。

3．管理模式不同

职能管理模式下的管理变革可能出于各种原因，在实际操作时是职能部门的重新划分，职能的重新调整，人员的简单增减等。

流程管理是以流程为对象的管理模式，它的任何一次改变都是企业业务流程的再造，且这种再造所关注的前提是效率的提高和结果的优化。这样，企业可以根据市场变化容易地进行业务流程再造。

4．管理组织结构不同

职能管理模式中，部门职能是相对独立的（只有生产线直接相关例外），它们之间的工作衔接一般要通过上一层级来安排、协调。

流程管理模式中，所有的部门或岗位（包括传统上所谓独立的职能部门）都是流程的一部分。它需要完成的工作是流程的一个阶段，它是流程中上一环节的客户和裁判者，同时是下一个阶段的供应商。这样，部门之间的绝大多数工作衔接将按照确定的流程及标准进行，不需要一个专门的控制、协调的上一层级。

5．管理领导者的职责不同

在职能管理中，企业高层领导绝大部分时间用于向大家灌输企业的目标，协调不同部门的行动以达到同步。

在流程管理中，企业高层领导对这种协调很少，每一个事件都是一个子流程。这些子流程都是有目标的，这些子流程汇集成一个流程集合，企业的总流程、子流程的目标集合就成为企业的总目标。在这种模式下，高层领导关注更多的是客户的需求、市场占有率等综合指标。

综合二者之间的区别可以总结出：职能化管理模式形成的管理体系是一套金字塔形的层级命令控制体系，而流程化管理模式形成的是一套以流程目标为导向的扁平化的网络状组织机构体系。

四、汽车售后服务企业服务流程的含义

传统的汽车售后服务企业将管理模块分为经营管理、生产技术管理、质量管理、人力资源管理、设备管理、配件管理、财务管理和计算机管理等。事实上，在生产经营活动中，每个环节都不是独立存在，而是同时起作用的。售后服务企业服务流程作为经销商共同的工作标准，目的是使每一位客户在任何一家品牌经销商都能享受到统一标准的、高品质的服务。

1．汽车售后服务企业服务流程

汽车售后服务企业服务流程是汽车售后服务企业为客户提供的服务方式。它描述了服

务体系发挥作用的方法和秩序，以及这些过程如何联系在一起为车主提供服务体验和产出。好的服务流程能够提高效率和服务质量，而不好的服务流程不仅影响服务接待的工作效率，还可能导致客户不满意。

2. 汽车售后服务流程表达方式

为了使流程表达更直观、更容易，一般使用图形、文字、表格（表单）来描述。汽车售后服务流程是汽车售后服务企业售后服务工作的核心流程，通过服务流程，售后的各个岗位能够有机地结合在一起，为客户提供服务。例如长安马自达汽车的售后服务标准流程分为 12 个步骤，分别是：主动联系客户，预约，互动式接待，目录式报价，客户关怀，作业安排，零部件准备，作业管理，完工 / 检查，交车 / 结账，跟踪回访，改善与提高，具体如图 1-11 所示。

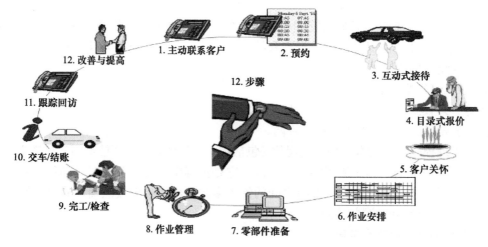

图 1-11　长安马自达汽车的售后服务标准流程

? 回答下列问题

判断下面说法的正确性，请在对应的"□"中画上"√"。

1）流程分布在各个部门中，以部门为界限被分割开来。

　　正确　　□　　　　　　　　　　错误　　□

2）流程管理模式中所有的部门或岗位（包括传统上所谓独立的职能部门）都是流程的一部分。

　　正确　　□　　　　　　　　　　错误　　□

3）流程管理关注的重点是重视职能管理和控制，部门之间的职能行为往往缺少完整有机的联系。

　　正确　　□　　　　　　　　　　错误　　□

4）流程管理模式中部门职能是相对独立的（只有生产线直接相关例外），它们之间的工作衔接一般要通过上一层级来安排、协调。

　　正确　　□　　　　　　　　　　错误　　□

5）通过汽车售后服务流程，售后的各个岗位可以有机地结合在一起，为客户服务。

正确　　□　　　　　　　　错误　　□

任务四　实施"七步法"汽车售后服务流程管理

任务学习目标

本任务可以帮助你认识汽车售后服务企业的工作流程，并帮助你提高实施工作流程的能力。

1）知道汽车售后服务企业"七步法"服务流程。
2）能够运用提高预约率的方法。
3）能够使用迎接客户的礼仪技巧。
4）能够正确进行环车检查。
5）认识售后服务跟踪活动的重要性。

学习信息

思政导学

我国新能源电动汽车领跑者——比亚迪的精诚服务

比亚迪精诚服务品牌成立于 2006 年，先后生产出新能源王朝家族"汉、唐、宋、秦、元"，领跑我国新能源汽车技术。比亚迪汽车所有售后人秉承了"精于勤，诚于心"的服务理念，坚信精湛的服务技术源于专业和勤奋、真诚的服务态度来自责任与用心。比亚迪始终致力于为用户及其爱车提供高水准的售后服务。其流程管理为"预约—接待—维修—质量控制—交车—跟踪服务"六大管理环节。

受新冠疫情影响，2020 年全国汽车产销量呈下行趋势。据中国汽车工业协会的数据，全年累计汽车产销量分别为 2522.5 万辆和 2531.1 万辆，同比下降 2.0% 和 1.9%。而 2020 年 12 月比亚迪新能源汽车销量为 28 841 辆，同比增长 120.177%，这是比亚迪新能源汽车年内最大涨幅，全年实现营收 1565.98 亿元，同比增长 22.59%。

这个可喜之举来源于 2020 年 4 月，财政部、工信部、科技部、发展改革委四部委联合发布《关于完善新能源汽车推广应用财政补贴政策的通知》，通过延长新能源汽车补贴政策至 2022 年年底，明确了补贴政策平缓退出。为此，国家政策助力推动新能源汽车行业平稳进入高质量的市场化发展新阶段。

几乎每一个品牌汽车都有自己的售后服务流程。丰田汽车公司的售后服务流程有 7 个步骤（简称"七步法"），本田汽车的售后服务流程包含 13 个步骤，长安马自达汽车售后服务流程分为 12 个步骤。无论什么品牌，其售后服务流程都大同小异，基本涵盖了邀约顾客、接待顾客、安排维修工作、质量跟进和售后服务回访等工作。本任务以丰田"七步法"

为例介绍售后服务流程。

丰田汽车售后服务企业"七步法"服务流程如图 1-12 所示。

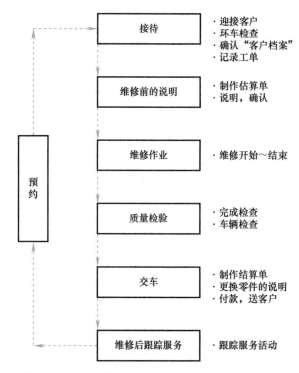

图 1-12　丰田汽车售后服务企业"七步法"服务流程

一、预约

1．预约的必要性

预约的必要性主要体现在以下 4 个方面：

1）客户可以选择自己合适的时间入厂维修。

2）客户来厂后即可开始作业，由此减少客户在店的等候时间。

3）可以预先准备作业需要的配件，避免客户来厂后发生没有配件无法修理的情况。

4）汽车售后服务企业可以实现工作的标准平均化，减少加班，避免客户在同一时间来厂，由此提高工作效率。

2．向客户介绍预约制度的方法

向客户介绍预约制度的方法主要包括以下 8 种：

1）在新车销售洽谈过程中或在交车时告诉客户。

2）在接待区域附近或在休息室内张贴预约制度的宣传海报。

3）在服务顾问的名片上加印"欢迎使用预约"及预约的电话号码。

4）服务顾问在和来厂的顾客交谈时，主动说明并积极推荐使用预约。

5）在企业的宣传广告和主页上登载预约电话号码。

6）在估算单、结算单、发票以及作业项目明细表的显著地方写上预约电话号码。

7）在新车交付时，向客户做预约制度的说明。

8）制作宣传预约制度的手册，并积极利用。

3．作为服务顾问实施预约接待的步骤

作为服务顾问实施预约接待的步骤主要包括以下 5 步：

1）接电话后马上致以问候和感谢，并报上自己的姓名。

2）在预约表上记录客户的姓名、车辆型号、作业内容、希望来厂的日期及时间、车辆登记号码和客户的联系电话等。此时，服务顾问可以向客户建议来厂的日期时间。

3）对于一般维护、制动片更换和轮胎作业等常见作业，事先在手头准备好标准作业时间表和价格表，以便当场向客户做简略的报价。如果是故障修理，则在客户来厂时，对实车进行故障诊断后进行报价。

4）向客户重复确认预约内容，并确认预约来厂日的前一日再次确认时的客户联系电话号码。

5）感谢客户的预约，并说"恭候您的光临"，再次报上自己的姓名后结束通话。

4．迎接预约顾客来厂的准备工作

迎接预约顾客来厂的准备工作主要包括以下 6 个方面：

1）制作"施工单"。

2）确认必要配件的库存，如果不够则追加订货。在配件到货期很短的地区，可以提前一天确认客户可以按时来厂后再订货。

3）把"施工单"放入维修进度管理板，如果离预约日还有很多天，可以放入其他事先指定好的预约箱。

4）如果需要对于预约内容做实车诊断，则事先和车间主任或技术主管取得联系，以便他们在客户来厂时到场协助。

5）如果预约内容是返修或客户的投诉，则请服务部长和车间主任检查维修记录，事先商量应对方法。

6）至少在预约日的前一天（提前一天为佳），致电客户以作提醒。如果必要的配件尚未入库，则向客户致歉并说明理由，请客户改换其他预约日。在这种情况下，一旦配件入库后，立即致电客户确认来厂的日期和时间。

二、接待

接待就是客户来厂后，作为售后服务企业的工作人员特别是服务顾问应该向客户提供热情周到的服务。

1．迎接客户

迎接客户，主要包括以下 3 个方面的工作：

1）服务顾问需始终注意客户的来厂情况，如果看到有车辆靠近接待的车位时，必须立刻出门迎接。

2）一定要向客户致意。服务顾问需面带微笑，给客户留下良好的印象。

3）服务顾问应感谢客户的光临，并做自我介绍，递上名片。

2．环车检查

环车检查的具体内容包括以下 3 点：

1）检查人员当着客户的面，在车内铺上座椅防护套和脚垫，和客户共同确认必要项目，并记录在"环车检查表"中，确认完毕后，请客户签字。

在实车确认过程中，检查人员如果发现有其他需要维修的地方，及时向客户建议；检查车内有无贵重物品，如果有，则建议客户带走，避免遗失。

2）检查人员确认故障时，如果需要试车，请技术主管同乘。

3）检查人员环车确认完毕后，引导客户到厂内的接待前台入座。之后，服务顾问开始确认客户的维修记录。

环车检查要遵循一定的步骤，由服务顾问引导客户来共同实施，一般采用顺时针的顺序或逆时针的顺序，目的是体现出服务的标准性和统一性，尽可能地节约时间以提高工作效率。环车检查步骤（顺时针方向）示意图如图1-13所示。

① 左前车门，驾驶人座位，仪表显示状况（含燃油表、里程表等），左前翼子板，左前轮胎。

② 发动机盖、前保险杠。

③ 右前车门，右前翼子板，右前轮胎。

④ 右后门，右后翼子板，右后轮胎。

⑤ 行李舱盖，后保险杠。

⑥ 左后门，左后翼子板，左后轮胎。在①处，可以打开发动机舱盖和行李舱盖，以便节约时间。

图1-13 环车检查步骤（顺时针方向）示意图

环车检查步骤逆时针方向是：①⑥⑤④③②。

3. 确认客户的维修记录必要文件

确认客户的维修记录必要文件，包括：

1）客户来厂后，要马上取出客户的维修记录。当服务顾问在厂外确认实车时，应让其他业务人员从客户管理系统中找到客户的维修记录。

2）确认维修记录，并制作"施工单"。听取客户要求，并按客户所述填写制作"施工单"。

三、维修前的说明

1. 制作"估算单"

1）按照"施工单"，根据作业时间、作业内容确定作业的费用金额。

2）查找需要的配件号码及价格，并填写在"估算单"上。

3）配件没有库存的时候，向客户确认是否愿意在配件入库后再次来厂，然后进行配件订购。配件价格昂贵的时候，可以向客户收取部分定金。

2. "估算单"的说明和确认

1）向客户出示"施工单"和"估算单"，同时说明作业项目、作业时间、预计金额及交车时间。

2）确认并记录支付方法。

3）在得到客户认可之后，请客户签字。

4）将"施工单"和"估算单"的副本交给客户。

5）如果客户在厂等候作业完工，引导客户进入休息室，向客户表示感谢，同时介绍可以免费享用的饮料、食物和休息室内的设施。

6）对于将车寄存在厂内的客户，需要再次确认联系方法。

四、维修作业

1. 作业开始

1）服务顾问把客户引导到休息室后，将"施工单"副本和"配件出库单"交给车间主任或调度人员。

2）车间主任确认"施工单"的内容，指定适合完成该作业的技师，并将"施工单"交给该技师。车间主任在维修进度管理板上标有该技师姓名的部分填写作业的开始时间和预计完工时间，也可以在管理板上摆放磁贴进行管理。这样，服务顾问只要看进度管理板，就能掌握作业的完工时间。

3）技师拿到"施工单"后，立刻填写作业的开始时间，通知配件出库，开始具体的作业。如果配件出库需要花费时间，可以过后再取。

4）在进行拆解维修作业的时候，中途需要请技术主管或质检员作过程检查，以保证正确完成作业。

5）作业完成后，技师在"施工单"上填写完工时间，将"施工单"交还给车间主任，并请示做完工检查。

6）领取下一个作业的"施工单"。

2. 中间过程检查

1）对于需要拆解的作业，中途请技术主管确认状况并请求作业指示。

2）在重新组装前，技师本人必须检查自己的作业质量，确认没有问题之后才可进行组装。

3. 作业完工

1）作业完工后，首先由技师本人进行完工检查，确认已完成客户所要求的全部作业，没有任何遗漏。

2）质检员作完检查后，技师在"施工单"上填写完工时间。

五、质量检验

1）技师完成作业并进行自我检查后，联系质检员或技术主管，接受完工检查。

2）完工检查由具备资格的质检员进行，具体确认客户要求的作业是否全部完成以及作业质量是否良好，必要时可以试车确认。

3）进行车辆的最终确认。此作业可由服务顾问或顾问助手执行。必须确认的项目有：客户要求的所有维修项目是否都已完成，车辆的清理整洁状况如何，维修中有无污损车辆；维修中使用的工具是否遗漏在车内。

4）清洗车辆，将其转移到完工车辆的停车区域内。

5）车间主任在维修进度管理板上记录作业完工，把更换的配件、施工单和车钥匙交给服务顾问。此时，可以在车辆上摆放"完工检查完毕"的标志，有助于可视化管理，也可以将"完工检查完毕"的标志挂在车内的后视镜上。

六、交车

1．制作"结算单"

按照服务顾问在"施工单"上填写的实际作业来制作"结算单"。

2．说明单据

1）服务顾问在向客户说明单据前，必须自己先确认车辆是否符合交车状态。

2）服务顾问准备好"结算单""环车检查表""施工单""估算单"和质检结果记录，对客户进行说明。说明的内容主要包括：

- 重复客户的作业要求。
- 针对已实施的作业内容，向客户出示被更换的配件并做说明。
- 对于"结算单"的内容，用手指着每一个项目，进行仔细的说明。
- 使用质检员签字的文件来说明已质检合格。
- 征得客户的确认和认可后，请客户在"结算单"及"环车检查表"上签字。
- 告诉客户几天后将打跟踪电话询问车辆状况，和客户确认方便的时间或联系方法。
- 说明下次维护或更换润滑油的时间。
- 向客户介绍收银员，请求结账。

3．恭送顾客

1）将客户引导至停车场，致谢后，引导送客。

2）门卫在客户出门时致谢。

七、维修后跟踪服务

1．跟踪服务的目的

维修交车后，实行跟踪服务可以了解客户的满意度或发现不满之处。通过解决客户的不满，可以加深客户对售后服务企业的信赖，同时可以显示售后服务企业关心客户的态度。

2．跟踪活动

1）事先整理当日需致电的客户名单。

2）致电前，先熟悉相关资料的内容，准备好如何和客户交谈。准备的文件应包含"施工单""结算单"、客户资料等。

3）客户接电话后，先简单地做自我介绍并说明致电目的，询问此刻是否适合电话交谈。

4）感谢客户上次来厂维修，并询问车辆状况。

5）如果没有特殊问题，请客户在下一次维护、更换润滑油的时候再次光临。

6）如果出现问题，除非常简单的内容之外，不要当场自己来解决，而必须做好记录，转告请示服务经理。服务顾问致电时，根据状况可以直接答复。

7）切实做好跟踪服务，直至问题被解决，并将所有经过记录在客户管理系统中。

8）做好客户管理系统的客户信息的日常管理。特别是要及时更新客户地址和电话号码，维护好维修记录（维修时间、维修项目、维修价格等），记录好向客户做的建议内容以及客户的反应等。

❓ 回答下列问题

1. 客户档案应包含哪些内容？对于汽车售后服务企业而言，这些内容分别有何作用？

_____

_____

_____

_____

_____

2. 判断下面说法的正确性，请在对应的"□"中画上"√"。

1）实施汽车售后服务企业工作流程化最重要的工作人员是服务顾问。

正确　　□　　　　　　　　错误　　□

2）环车检查对于客户来讲没有什么好处。

正确　　□　　　　　　　　错误　　□

3）环车检查可以帮助增加维修项目，提高售后服务产值。

正确　　□　　　　　　　　错误　　□

4）技师在维修过程中更换的配件没有必要向客户展示。

正确　　□　　　　　　　　错误　　□

5）跟踪服务电话可由服务顾问拨打，也可以指定回访专人拨打。

正确　　□　　　　　　　　错误　　□

6）工作流程顺序不能调整，必须按照流程要求切实执行所有的项目。

正确　　□　　　　　　　　错误　　□

7）交车环节的主要目的是收取客户的费用。

正确　　□　　　　　　　　错误　　□

8）同一个品牌的汽车公司，应该有一样的工作流程要求，这样才能减少服务的差异化。

正确　　□　　　　　　　　错误　　□

工作任务及工作页

1. 走访一家汽车售后服务企业，调查企业经营模式、业务范围、组织结构、岗位设置、岗位职责、管理目标，将收集基本信息填写在表1-4中。

表1-4　汽车售后服务企业基本信息

企业名称	
企业经营模式	□汽车4S店　　□汽车快修店　　□汽车小微企业
企业业务范围	
企业组织结构类型	□直线型　□智能型　□直线智能型　□矩阵型 □事业部制组织　□新型组织
企业组织结构图	请画出该企业的组织结构图
岗位设置	
岗位职责	
管理目标	
服务方案举例 （2例）	

2. 下面是2021年西星汽车售后服务公司的部分经营数据（表1-5、表1-6、表1-7）。根据企业提供的2021年数据，请你对2022年企业销售目标和售后产值进行预测，并运用MSI主要服务指标，制订基本年度计划。

表1-5　西星汽车售后服务公司基本信息

建店时间	同城同品牌 经销商数量	本品牌本地 2021年销售数量	本公司 2021年销售量	本公司 2021年销售目标
7年	2	3500	1625	1900

表1-6　西星汽车售后服务公司客户档案信息

本地本品牌客 户总数	本公司 建档客户数	本公司 1年内进站保有 客户数	其中本店 销售客户	其中非本店销 售客户	年客户 流失率	自店新车6个月 返站率
28750	15625	6658	4327	2330	20.00%	96.00%

表 1-7　西星汽车售后服务公司业务经营数据

项目	维护	一般维修	首保	索赔	自费事故	保险事故	合计
台次	5241	1664	1775	1260	665	1746	12351
产值	6621116	1647185	540113	3073311	995136	5973716	18850578
备件成本	3557649	1021448	333633	2286368	246993	2533255	9979344

运用 MSI 主要服务指标，制订西星汽车售后服务公司 2022 年基本年度计划，填写在表 1-8 中。

表 1-8　西星汽车售后服务公司 2022 年基本年度计划

业绩目标	具体描述			
目标管理项目	2021 年实绩值	2022 年目标值	达成率	前比
客户付款定期维护台次				
维护外客户付款维修台次				
钣喷维修客户付款维修台次				
一般维修工时收入				
一般维修配件收入				
钣喷维修工时收入				
钣喷维修配件收入				
找出完成计划不足之处				
制订 2022 年发展计划				

3. 汽车售后服务前台通常也叫维修前台或前台接待，按照"七步法"工作流程进行模拟演练，并根据模拟情况分阶段填写"维修委托单"（表 1-9）。

角色扮演：学生在下面的 3 个场景中分别扮演以下角色：服务顾问、车间主任、质检、配件等工作岗位的人员，按照"七步法"进行全过程的模拟练习。

场景 1：某先生开着很脏的车来厂做维护，如何对他进行接待？

场景 2：某女士来厂为车做维护，车上放置了很多东西，化妆品、名牌皮包、零钱等随处可见，请练习对该女士的接待过程。

场景 3：某客户在交车时发现，维修费用要比估算价格高出 5%，但服务顾问并没有对此再次说明导致客户非常不高兴，作为服务人员你如何处理？

表1-9　维修委托单

客户 ID:＿＿＿＿＿＿　施工单号:＿＿＿＿＿＿

| 车　牌 | | 车　型 | | 行驶里程 | km | 入厂日期 | 年　月　日 |
| 内　色 | | 外　色 | | 发动机号 | | 车架号 | |

随车附件 （良好√ 有问题× 并注明）	轮毂盖		执　照		客户描述:			
	前后标		音　响					
	车内物品		天　线					
	内饰划痕		点烟器					
	刮水器		随车工具					
	升降器		备　胎					
	门　锁		贵重物品		客户对维修更换的旧件处理意见:			
	倒车镜		其　他		交车时: 查看□　不查看□　取走□　厂方处理□			

外观备注:

接车时客户签字		时间		接车时接待签字		时间	
客户电话				业务电话		传真:	
客户单位／地址				本公司地址			
交车时客户签字		时间		交车时接待签字		时间	

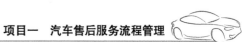

✋ 项目一 学生学习目标检查表

你是否在教师的帮助下成功地完成单元学习目标所设计的学习活动	肯定回答
专业能力	
认识汽车售后服务企业 4S 经营模式	
分析和拟定汽车售后服务企业的组织结构	
运用汽车售后服务企业的目标管理考核指标	
说出流程管理的定义和特点	
理解流程管理与职能管理之间的主要区别	
说出汽车售后服务企业服务流程的含义	
描述汽车售后服务企业"七步法"工作流程	
实施正确的环车检查	
能够使用迎接客户的礼仪技巧	
能够正确进行环车检查	
描述开展售后服务跟踪活动的重要性	
关键能力	
你是否根据已有的学习步骤、标准完成资料的收集、分析、组织	
你是否有效和正确地进行交流	
你是否按计划有组织地活动，是否沿着学习目标努力	
你是否尽量利用学习资源完成学习目标	
完成情况	
所有上述表格必须是肯定回答。如果不是，应咨询教师是否需要增加学习活动，以达到要求的技能。	

教师签字：_____

学生签字：_____

完成时间和日期：_____

汽车售后服务企业车间管理

项目学习目标

1. 职业目标

通过本项目的学习，认识汽车售后服务企业车间管理的相关知识，获得依据现代汽车售后服务企业标准实施车间管理的能力。其具体表现为：

1）能够对汽车售后服务企业车间功能设施进行定位和划分。

2）能够对汽车维修设备进行管理。

3）能够对汽车售后服务企业进行生产与质量管理。

2. 素养目标

1）树立规则意识、责任意识、质量意识。

2）具有执行规范完成工作任务的良好行为。

项目学习资源

有关汽车售后服务流程管理的资料，可查询文字或电子文档：

1）各品牌汽车厂商的网页。

2）各种介绍汽车售后服务管理的书籍。

3）有关职场健康与安全的法律与法规。

可提供学习的环境和使用的设备

1）车间或模拟车间。

2）常用汽车维修工具和设备。

3）安全的工作环境和工作场所。

4）整车车辆。

5）汽车 4S 店的建筑平面图。

任务一　认识汽车售后服务企业车间设施功能定位与区域划分

任务学习目标

1）认识汽车售后服务企业车间设施功能定位与区域划分原则。

2）能够确定车间功能基本参数。

3）能够具体定位与区域划分"维修车间"设施功能。

学习信息

思政导学

上汽通用质量管理——独特企业质量文化促进企业质量管理上台阶

2015年10月23日，第十五届全国质量奖获奖名单揭晓，上汽通用汽车公司凭借业内领先的卓越绩效管理和企业综合质量与竞争能力，一举荣获第十五届全国质量奖，并在6家获奖企业中以优异的成绩名列首位。上汽通用通过卓越经营管理，经过多年发展已形成其独有的、优秀的企业文化，如"三不"原则和"三全"质量文化。"三不"原则指"不接受、不制造、不传递缺陷"的质量价值观，"三全"质量文化指"全员、全时、全程，追求卓越质量"的核心质量文化，再加上"人人都是质量第一责任人"的质量管理理念等，构成了上汽通用的优秀企业质量文化，并通过宣讲、培训、建言、激励等方式强化质量理念，让质量文化建设形成了长效机制。这些企业文化思想加强了员工对质量的认识，激励着员工提升个人素质，对企业产品质量和效益起到了明显的推动作用，为上汽通用竞争力的发展起到了重要的支撑作用。

显然，企业树立员工规则意识、责任意识、质量意识，加强车间管理是汽车售后服务企业提升质量管理的不可或缺的重要环节。

案例导入

某汽车4S店自成立后，运营几年下来，在汽车销售和售后服务业务方面都取得了较为优异的业绩，当售后客户增加，汽车售后服务业务取得的利润达到公司总体利润的一半以上时，公司的管理者却对以下问题头痛不已。

1）车间拥堵。该店建立初期没有树立生产线的意识，工位不明确，随着客户量的增大，维修车间变得拥堵不堪。该店多次改造扩建车间，但现在需要花费数倍的人力来挪动车辆，效率低下。

2）客户满意度持续下降。由于车辆在维修工程中耗费的非修理时间过长，客户往往花更多的时间等待车辆的挪动和洗车等环节，客户满意度持续下降，增加了公司管理运行的成本。

分析结论

汽车售后服务企业合理的设施功能定位和区域划分直接影响着生产条件、运输路线和劳动作业环境。特别是车间作为经营场地的核心区域，要综合各种因素统筹规划、科学规划，尤其现代企业讲究现代气息、现代风格，无论是造型还是功能都必须有超前意识，其中每一件微小的硬件设施都将代表着企业的品牌，哪怕是小到独具特色、完美的各种指示标记的设立。

一、汽车售后服务企业车间设施功能定位与区域划分原则

汽车售后服务企业车间按照设施功能定位和区域划分细分，包括维修车间、钣金车间和喷漆车间，其功能定位和区域划分一般应遵循以下原则。

1. 保证整个维修过程顺畅

1）对于机器设备及工作区域做适当的安排，以最短搬运距离为原则。

2）尽量减少搬运的动作。

3）保持良好的工作环境，以防止配件、维修件在运送过程及储存时造成损坏。

4）适当的工作流程安排，使每一项工作易于识别。

2. 维修车间布置的弹性

使车间的布置能适应未来企业规模的改变需要，也就是预留空间以供扩充之用，或利用非永久性的隔间墙。

3. 有效地利用各种机器设备

适当地选择安排各种机器设备与工作，充分有效地运用机器设备，使固定成本投资得以减少。

4. 充分有效地利用车间的空间

在各工作区域内各项作业操作灵活方便的前提下，使空间使用最小，也就是使车间中每一作业空间所花费的成本最低。

5. 充分有效的人力运用

要充分有效地利用人力支持，消除人力和时间上的浪费，其方式如下：

1）尽量以自动化或机械化的设备代替人工操作，避免重复性的搬运。

2）人力与机器设备应保持质量的平衡。

3）减少人员的走动。

4）实行有效的奖励政策。

6. 减少各项搬运动作

使各项搬运距离减少到最小，减少搬运的次数。

7. 提供舒适、安全、方便的工作环境

应该注意车间内的光线、温度、通风、安全、粉尘、噪声等事项，以提供作业人员舒适、安全、方便的工作环境。

二、确定车间功能基本参数

1. 车辆工位数确定

适当合理的工位规划是有效利用场地资源的重要手段，若过少，满足不了要求，若过多，会造成剩余资源浪费。合理工位数可按下列公式计算：

$$修车工位数 = \frac{年维保车辆台数（预测）\times 每年同一台车辆拜访平均数 \times 单车平均工作小时 \times 单一工位数与全部工位数之比}{每一位修理工的年工作小时}$$

2. 直接维修员工数确定

直接维修员工数指直接参与维修作业的员工数。该项目依据业务环境、设备和工具效

率等，根据车位数计算而出，公式如下：

$$直接修理员工数=\frac{修车工位数}{修车工与车位之比}$$

例如，修车工位数为 10，员工与车位数之比为 1.3，那么直接修理员工数 =10/1.3=7.7，取整数为 7 人。

3. 间接员工数

为了降低成本，最大限度地发挥每个人的能力应做到一人多能，达到饱满工作日。间接员工的总人数根据所有直接员工人数计算，并要考虑到所需人员的总数发展。一般间接员工数为直接员工数的 30%，例如直接员工数为 10 人，间接员工数就为 3 人。

4. 停车位数

除了与销售一体化、汽车展位、本企业自用车辆车位外，维修停车位（修前、修后）应按照最低标准来定，这样做的出发点是减少在修车辆的在厂周期（送修的车尽快进入修车工位，修完的车尽快通知客户提车），同样是为了充分利用场地资源。

维修车位数一般为车间维修工位的 1/6 或 1/8，其他专用车位根据实际需求而定。

钣金与油漆工位数一般依据实际业务量而定，基本原则一般为全部修车工位的 1/3。

总之，依据服务流程和工艺流程来确定车间场地规模和布局、配置员工人数，能够使汽车售后服务企业的车间设施功能定位与区域划分达到最优化的效果，图 2-1 为某汽车售后服务企业的平面布置图（见书后插页）。

三、车间设施功能具体定位与区域划分

维修车间
区域划分

1. 维修车间设施功能定位与区域划分

一般维修车间可以划分为发动机维修区、四轮定位区、大修间、修理工位区等，每一个区域是相对独立的，但又以工艺流程互相关联。因此，一般维修车间的设施功能定位和区域划分要缩短运输距离，减少搬运，提高效率，将工具室、配件室等紧密联系起来。

（1）发动机维修区　以往会将发动机维修部门的工作分成非常多的小部门处理，如电机故障排除、快速维护等。但是，现代化的汽车维修已不是用单一的故障模式处理方式来解决问题了，因为其多数是整合性的系统问题，所以如何设计一个符合整合性问题处理的工作站是非常重要的课题。

首先，应该了解所谓整合就是将以往分为各种组别的工作集合到每个人身上，也就是一个万能的工作者。正因为是万能的，在他的工作位置的设计上就要使其成为无所不能处理的作业区，除此之外应同时考虑到作业的方便性和工作安全。

例如，可以非常方便地取得制冷剂回收机、计算机资料、检验用仪器等，一些常用的设备可以多购买一些。

（2）四轮定位区　四轮定位区的设置应同时考虑其相关作业的方便性，而不是只有四轮定位作业。由于场地与设备的关系，应注意到在处理调整定位角度时，应该非常容易地看到仪器上显示的画面。同时，由于定位机通常会采用红外线或其他无线传输方式，所以在配置时应该避免太阳直射的位置，以免影响红外线作业，而使用其他无线传输系统者，应注意是否通过政府无线电管制使用许可，通过许可才可使用。

某些定位机器会有一种无线遥控显示器的系统可供选择。它是一种选装配件，会将所有测量资讯显示在遥控器的 LCD 荧幕上，适合使用在场地受限制、主荧幕不容易看清楚的状况或是后轴工作时使用。

　　（3）大修间　大修间的走道要比一般的主通道宽，最好能宽 150cm 以上，最小不要小于 120cm，这样在搬运作业时才会方便，而且每一个工作台必须要有一张工作桌配合作业。大修间面积必须大于 24m²，以符合乙级汽车修理工厂设计标准。

　　（4）修理工位区　通常理想的工作位置与通道有成 15°、30°、90° 等几种选择，实际上如果能用 90° 方式，最好就不要有其他方式的考虑。为了节约通道的使用，若能将整个工作区设计成"非"字形排列是最理想的。

　　一个工作区所包含的每一项位置都应该定位，不可有选择性的排列，否则会使整个工作区杂乱无章。即待修车一定要放在待修位而不应该放在修车位或是走道上，即使是一瞬间，也会影响整体工作效率。下面以 30°、90° 车位布置为例，说明各作业位置尺寸和各种不同作业间不同的场地布置方法，这将使你能清楚了解每一项作业所需，并包含了每项作业所需的附属用具。

　　1）30° 车位布置图，如图 2-2 所示。

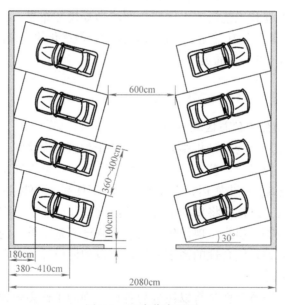

图 2-2　30 车位布置图

　　① 车头至墙的距离建议使用 200cm。如果因为场地的关系可以减少为 150cm，但是采用这样的设计不适合放置工作桌。

　　② 车位宽度可因维修车辆的大小选择 360 ～ 400cm 的尺寸。

　　③ 场区采用 30° 或 15° 的布置法主要的目的是减少场区的宽度。

　　④ 墙边规划有 100 ～ 150cm，有方便 4 个角落停放车辆的作用，以及有存放各式移动设备的空间。

　　⑤ 车位长度设计有 800cm，使用时到车尾的实际长度为 750cm 左右。

　　⑥ 车道宽度设计成 600cm，但是如果加上到车尾部分约 50cm 的宽度，实际上有 700cm

的宽度。

⑦ 举升机的中心位置应考虑车头到墙边的距离而定，如果采用 200cm 时，中心位置可以是 400 ～ 430cm 的尺寸，依维修车辆大修而确定。

2）90°车位布置图，如图 2-3 所示。

① 车头至墙的距离建议使用 200cm，如果因为场地的关系可以减少为 150cm，但是采用这样的设计不适合放置一张工作桌。

② 车位宽度可因维修车辆的大小选择 360 ～ 400cm 的尺寸。通常中型车建议采用 380cm 以上宽度，这样才不至于车门全开时碰到旁边的车辆。

③ 场区采用 30°或 15°的布置法主要的目的是减少场区的宽度，但是在工厂布置却极不容易。

④ 墙边规划有 100 ～ 150cm 的空间，有方便 4 个角落停放车辆的作用，以及有存放各式移动设备的空间。

⑤ 车位长度设计有 800cm，使用时到车尾的实际长度为 750cm 左右。如果不考虑工作车位长度可以减少为 750cm，同时实际长度变成为 700cm。

⑥ 车道宽度设计成 600cm，但是如果加上到车尾部分约 50cm 的宽度，实际上有 700cm 的宽度。

⑦ 举升机的中心位置应考虑车头到墙边的距离而定，如果采用 200cm 时，中心位置可以是 400 ～ 430cm 的尺寸。这个距离的确定取决于维修车辆的大小。

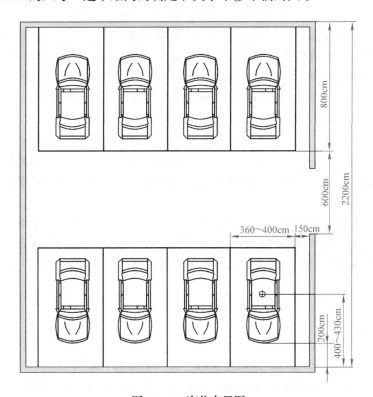

图 2-3　90车位布置图

2．钣金车间设施功能定位与区域划分

钣金车间按功能定位，其区域可分为以下3种：

（1）大事故碰撞钣金工作区　一般来讲，大事故碰撞车辆维修时，需要采用大梁校正仪或汽车钣金八卦整形校正设备等设施设备，其占地面积相对较大，往往成为钣金车间工作效率的瓶颈。

（2）小事故碰撞钣金工作区　小事故碰撞车辆维修时，通常采用点焊机、电弧焊机、切割机等小型设备，其周围的合理布局是影响钣金车间工作效率的重要方面。

（3）钣金拆卸配件仓库　一个好的钣金车间，必须要有一个良好的拆件车和钣金配件储存仓库来配合，使整个厂区看起来非常整洁。通常，拆件车的数量可以按钣金工位来计量，是钣金工位的2～3倍才足够。

3．喷漆车间设施功能定位与区域划分

喷漆工艺较为复杂，根据一般标准工序，其流程大约分为喷漆前的准备、喷漆和喷漆后的处理。因此，喷漆车间的设施功能定位和区域划分就是围绕这三大工序来进行的，当然还有必不可少的调漆房。

（1）喷漆准备区　喷漆准备区用来做喷漆的前期工作，如补漆作业、打磨作业和其相关研磨等，这样的一个作业区是绝对禁止从事相关喷涂作业的。所有的喷涂工作都应该在喷漆房（烤房）中进行，除非准备区的通风系统是经过改良的，否则，在车身上将可能因而产生大量粉尘，造成工时的浪费。

（2）喷漆　喷漆就是在一个喷漆房里对过滤喷漆对象进行喷漆作业。

喷漆房是提供涂装作业专用环境的设备，能满足涂装作业对温度、湿度、光照度、空气洁净度等的要求，能将喷漆作业时产生的漆雾及有机废气限制并处理后排放，是环保型的涂装设备。喷漆房的种类、型号、规格、场所或数量对整个汽车售后服务企业的效率有着巨大的影响。一般标准的喷漆房作业长乘宽都是7m×4m，高度则为2.8m，如果作业空间允许应选择3m的高度，因为低于2.8m的高度是不能够有效运作的。

（3）喷漆后的处理　喷漆后的处理主要指喷漆工序里的干燥、打磨和抛光。喷漆房具备干燥的功能，但往往一些拆卸后的零部件喷漆或是汽车覆盖件的很小的局部喷漆是用红外线烤灯等设备进行的，可以节约工作时间、减少不必要的能源支出和提高整个喷漆车间的生产效率。

除了按工序来对喷漆车间进行区域划分外，调漆房是喷漆车间必不可少的设施，为了防止调漆时挥发性有机溶剂向外扩散，其室内压力设计值应小于大气压力，同时相关排气管路应设计离地面20～30cm较为合适，不要设计过高，以免使整个调漆房充满有机溶剂，不利员工健康。

？ 回答下列问题

1．判断下面说法的正确性，请在对应的"□"中画上"√"。

1）汽车售后服务企业车间设施功能定位和区域划分要考虑企业将来发展的扩张需求。

　　正确　　□　　　　　　　错误　　□

2）汽车售后服务企业车间设施功能定位和区域划分不用考虑当地客户保有量。

正确　□　　　　　　错误　□

3）一般维修车间可以划分出机修车间、电工车间、总成大修间、发动机大修间和动力房。

正确　□　　　　　　错误　□

4）根据钣金车间设施功能定位与区域划分，钣金车间是不要仓库的，因为整个企业已经考虑和布置了专门的配件仓库。

正确　□　　　　　　错误　□

5）影响喷漆车间工作效率最主要的瓶颈是喷漆前的准备，因此其区域划分时应特别注意烤灯、支架等相关设备和工具的摆放。

正确　□　　　　　　错误　□

2. 某品牌经营的汽车售后服务企业在当地客户保有量为2000辆，平均每辆车每年需要进厂维修维护4次。该企业计划明年销售新车800辆，经过分析，来该店进行维护的车辆每次需耗时1.5h，单一工位数与全部工位数之比为1.3，请计算出该企业明年的合理的修车工位数，并写出其推算过程。

_____
_____
_____
_____
_____
_____
_____

任务二　实施汽车维修设备管理

任务学习目标

本任务可以帮助你对汽车售后服务业常见汽车维修设备进行分类，并帮助你在车间能正确进行维修设备的存放和领用。

1）学会对汽车维修设备的分类。

2）能够进行汽车维修设备的存放管理。

3）能够进行汽车维修设备的领用管理。

学习信息

思 政 导 学

海尔集团设备管理创新——树立员工的责任意识

由于全球化竞争日益加剧和信息网络时代的到来，企业内部的管理必须适应外部市场日新月异的变化。在新经济形式下，海尔集团要实现业务流程化、结构网络化、竞争全球化的战略目标，设备管理作为企业管理的基础，是决定生产效率、产品质量的重要环节。设备管理与维护必须与市场接轨，与国际接轨。

1）建立设备维修人员承包责任制。在海尔集团设备管理整合初期，维修工管理较为松散，设备管理以抢修为主。由于责任不清，经常耽误生产，为此，海尔设备管理部以设备区域承包为基础，建立了对停机负责的市场链机制，即所有的设备都承包给具体责任人，无论何时，只要设备停机，就向责任人索赔。此举迅速调动起设备维修工的积极性，设备停机由抢修为主转变为预防检修为主，整个生产线停机次数直线下降，平均每月降幅都在 20% 以上。

2）建立创新设备管理用人机制。通过高薪聘请国际设备维修技术人才加盟海尔集团，整合国内外设备维修技术专家为我所用。2020 年海尔集团生产未出现产生重大影响的长时间恶行停机问题，实现海尔集团高、精、尖设备维修的技术保障。

汽车维修设备是汽车售后服务企业维修生产必不可少的物质手段，也是衡量一个现代汽车维修企业维修能力的标志；维修设备管理水平的高低从一个侧面反映出一个企业管理水平的情况。

汽车维修设备管理是指通过一系列技术、经济和组织活动，使设备在整个寿命周期中费用最小。既对设备的选购、进厂验收、安装调试、使用、维护修理、更新改造和报废等全过程进行技术管理，还对设备的最初投资，维修费用的支出以及折旧、更新、改造资金的筹措、积累和支出等进行经济管理。

现在汽车售后服务企业一般都建立了定机、定人、定岗的三定管理制度。为了提高效率，很多 4S 店在三定制度的基础上由专人担当汽车维修设备的管理，同时兼顾专用工具和维修资料的管理。汽车售后服务企业配备的这些设备、工具和维修资料要放置在适当的位置，这样在需要的时候就可以立刻拿到使用，提高工作效率。使用合适的设备、工具或参考准确的资料，对进行专业维修非常重要，这样能够确保顺利完成一次修复作业，从而提高客户满意度。

一、汽车维修设备的分类

汽车维修设备是汽车维修企业生产活动的物质基础，按照汽车维修行业的一般标准，可以分为汽车诊断设备、检测分析设备、养护清洗设备、钣金烤漆设备、养护用品、维修工具、轮胎设备、机械设备等。

1）汽车诊断设备。汽车的检测与诊断主要有汽车维修前的故障诊断、维修检测设备过程中零部件的检验、修竣后的性能检测和汽车使用中的定期技术状况检测等，所需的诊断设备主要包括汽车解码器、读码卡、数据流分析、专用计算机等。丰田汽车诊断计算机如图 2-4 所示。

2）检测分析设备。其主要包括试验台、检测线、定位

图 2-4　丰田汽车诊断计算机

仪、检测仪、检漏仪、检测台、制动台、分析仪、内窥镜、传感器、示波器、烟度计以及其他检测设备。

3）养护清洗设备。其主要用于汽车车身、底盘外部和汽车零部件的清洗，按照用途可分为汽车外部清洗设备和汽车配件清洗设备，主要包括自动变速器清洗换油机、动力转向换油机、润滑脂加注机、冷媒回收加注机、喷油器清洗检测设备、抛光机、打蜡机、吸尘机、吸水机等。

4）钣金烤漆设备。其主要包括烤漆房、烤漆灯、调漆房、大梁校正、地八卦、喷枪等。

5）轮胎设备。其主要指平衡机、拆胎机、充氮机、补胎机等。

6）养护用品。其主要包括修补漆、制冷剂、制动液、防冻液、润滑油、修复剂、玻璃水、密封胶、原子灰、防锈剂、水箱宝、车蜡、车釉、冷媒、汽摩用清洗剂、轮胎上光剂、汽车用黏合剂、其他养护用品。从汽车维修设备的广义上讲，汽车养护用品可以归纳为汽车维修设备。

7）维修工具。其主要指用于手工操作的各类维修工具，如扳手、螺钉旋具、组套、工具车、工具箱、工作台等。

8）机械设备。有些汽车维修设备不便分类，但符合机械设备属性，也归为机械设备，如各类举升机、千斤顶、吊机、吊车等。

二、汽车维修工具和资料

1. 汽车维修工具

按照各个汽车售后服务企业的实际情况，特别是对专一品牌经营的汽车 4S 店，一般在开业初期都会由厂家（如一汽奥迪、东风日产、上海大众、广汽丰田）根据各自品牌的车辆维修情况指定配置一些汽车维修设备、专用工具和各车型的维修资料让 4S 店进行选择或是购买。汽车维修工具通常分为以下两类：

1）通用工具（如各种测量工具和常用扳手等）。

2）专用工具。专用工具（Standard Service Tools，SST）也叫标准服务工具，是专门针对某一类拆装或某一类车型开发使用的，如丰田汽车专用工具，配件编码为 09213-54015，曲轴带轮固定工具。

2. 汽车维修资料

为了维修技师能够掌握最新技术信息和能够依照标准的步骤来使用正确的专用工具以及工具进行维修，汽车售后服务企业必须配备所有维修车型的修理手册、电气电路图、新车特征说明书等修理手册。

三、汽车维修设备管理要点

对于所有的汽车售后服务企业，一是都应该有一份设备、工具和维修资料的台账，台账是企业用以记录设备资产，反映这些资产增减情况的账目，一般按类别逐一登记，或是按车间或班组逐台登记；二是要建立技术档案或卡片，包括有名称、规格、型号、厂牌、编号、维护情况，设备的主要技术参数和性能。所有资料都应该及时更新，由服务部保管，定期检查台账内容并确保企业备有必备的工具库存，实施定期维护并如实记录。

汽车售后服务企业的汽车维修设备管理主要有以下3个要点：

1. 建立设备管理台账

设备台账是掌握企业设备资产状况，反映企业各种类型设备的拥有量、设备分布及其变动情况的主要依据。设备台账一般有两种编排形式：一种是设备分类编号台账，它是以《设备统一分类及编号目录》为依据，按类组代号分页，按资产编号顺序排列，便于新增设备的资产编号和分类分型号统计；另一种是按照车间、班组顺序使用单位的设备台账，这种形式便于生产维修计划管理及年终设备资产清点。以上两种设备台账汇总，构成企业设备总台账。

汽车售后服务企业的设备种类较多，设备的价值各不相同，对于常用的、价值不太高的设备一般都划归不同的车间、不同的班组甚至不同的责任人管理。对于价值较高的设备一般都由设备管理专员专门管理。建立适应汽车售后服务企业的设备台账对于企业的资产管理具有十分重要的意义，同时有利于设备的正常使用和维护。某汽车售后服务企业的设备台账见表2-1。

表2-1　某汽车售后服务企业的设备台账

序号	设备名称	数量	型号规格	出厂日期	设备价格/元
1	功率分析仪（含软件）	1	WT5000-HC-H/MTR1	2021.5	441852
2	故障诊断仪器	4	MS908E	2019.12	40000
3	汽车故障诊断系统	1	QRXK-Ⅰ	2019.12	26000
4	博世汽车专用诊断仪	1	KT600	2018.12	21508.56
5	博世蓄电池检测仪	1	RAT131	2018.12	8390.86
6	双通道超级示波器	1	HUS-802*	2012.11	13800
7	举升机	6	SLS207*	2007.7	15966.65
8	车用空调冷媒加注机	1	AC350-2K	2004.12	20100
9	四轮定位仪	1	MULLER BEM8677	2004.12	122000
10	路斯霸液压两柱举升机	2	POWER LIFT SPL 4000	2018.12	57811.59

2. 存放要点

1）状态良好。

2）容易取放。

3）不容易丢失或误用（有人看管或监督）。

4）放置在维修技师方便的地方。

5）工具应当存放在工具箱中或悬挂在钉板上。无法悬挂的特殊测试工具可放置在工具架上。将小型精致的工具放置在保存容器中。

6）可以在某些工具上刻字来辨别所属的经销店或所属班组。

3．领用要点

必须进行设备工具的借还登记制度，有维修技师在取用和归还时所填写的"取用表"，也可采用铭牌制度：维修技师每人有一个金属铭牌，取用设备工具时，将铭牌挂在相应的设备工具存放位置上，归还时再将铭牌取下。

1）快速。维修技师必须能够取得所需工具而无须等待过久。

2）方便。必须容易管理及利用，首先不得将工具和配件直接放在地面上，以免丢失；其次将工具和配件放在托盘里，以便马上拿到。

❓ 回答下列问题

判断下面说法的正确性，请在对应的"□"中画上"√"。

1）养护清洗设备主要用于汽车车身、底盘外部和汽车零部件的清洗。

　　　正确　　□　　　　　　　　错误　　□

2）车辆检测维修设备及工具在汽车维修过程中不太重要。

　　　正确　　□　　　　　　　　错误　　□

3）空气压缩机可以给汽车轮胎充气，因此，空气压缩机是汽车维修专用设备。

　　　正确　　□　　　　　　　　错误　　□

4）现实情况下，汽车售后服务企业服务车型太多，不需要配备所有维修车型的修理手册、电气电路图、新车特征说明书等修理手册。

　　　正确　　□　　　　　　　　错误　　□

5）汽车维修设备和工具的管理一般都是敞开式的，为了提高设备和工具的使用效率，没必要对其进行专人的管理。

　　　正确　　□　　　　　　　　错误　　□

任务三　实施汽车售后服务企业的生产与质量管理

🏆 任务学习目标

本任务可以帮助你获得汽车维修生产与质量管理的能力。

1）知道汽车售后服务企业汽车维修生产作业的组织方法。

2）知道汽车维修生产组织的工艺过程。

3）知道汽车维修质量管理的 5 个方面的内容。

4）知道汽车售后服务企业的全面质量管理的含义。

5）能够进行一次修复的判定和改善的方法。

📖 学习信息

思 政 导 学

张瑞敏砸冰箱故事——树立员工的质量意识

1985年，海尔集团首席执行官张瑞敏刚到海尔（时称青岛电冰箱总厂）。一天，一位朋友要买一台冰箱，结果挑了很多台都有毛病，最后勉强拉走一台。朋友走后，张瑞敏派人把库房里的400多台冰箱全部检查了一遍，发现共有76台存在各种各样的缺陷。张瑞敏把职工们叫到车间，问大家怎么办，多数人提出，也不影响使用，便宜点儿处理给职工算了。当时一台冰箱的价格800多元，相当于一名职工两年的收入。

张瑞敏说："我要是允许把这76台冰箱卖了，就等于允许你们明天再生产760台这样的冰箱。"他宣布，这些冰箱要全部砸掉，谁干的谁来砸，并抡起大锤亲手砸了第一锤！很多职工砸冰箱时流下了眼泪。然后，张瑞敏告诉大家——有缺陷的产品就是废品。3年以后，海尔人捧回了中国冰箱行业的第一块国家质量金奖。

"张瑞敏砸冰箱"一事对所有员工树立了严格的品质意识，产品品质没有等级之分，目标只有一个，就是"零缺陷""高标准"。作为一种企业行为，海尔砸冰箱事件不仅改变了海尔员工的质量观念，为企业赢得了美誉，而且引发了中国质量竞争的局面，反映出中国企业质量意识的觉醒，对中国企业及全社会质量意识的提高产生了深远的影响。

"零缺陷"也是汽车售后服务企业生产与质量管理的最终目标。

汽车维修生产指对汽车维修过程中的劳动者、劳动工具、劳动对象以及维修过程的各个环节、阶段和工序进行合理安排，使其形成一个协调的系统。合理生产的目标是使其在各种维修过程中的耗时最短、耗费最少、质量最高。

质量管理指在质量方面指挥和控制组织的协调活动，以达到客户的满意。

因此，汽车售后服务企业必须根据自身的生产规模、工艺装备条件、工人的技术水平、维修对象、零部件和材料供应情况合理地组织和加强质量管理。

一、汽车维修生产作业的组织方法

1. 汽车维修生产作业的基本方法

（1）就车修理法 就车修理法指修理作业时，将被修复的主要配件和总成装回原车的修理方法。

就车修理法的优点：能保持原车的技术状况，客户比较满意，不需要备用总成，对维修车型复杂，送修单位不一的中、小型汽车售后服务企业比较适宜。

就车修理法的缺点：不容易组织流水作业，修理周期长，效率低。

（2）总成互换修理法 总成互换修理法指修理作业时，用储备完好的总成替换汽车上不可用总成的修理方法。这种修理方法除了载货汽车的车架和客车的车身不能互换外，其他总成都可以用储备完好的总成代替，替下来的总成则另行安排修理入库储备。

总成互换修理法的优点：便于组织流水作业，修理效率高，可以大大缩短修理时间，

汽车维修作业的组织方法

修理成本比较低，适合于维修车型单一、规模比较大的企业。

总成互换修理法的缺点：不能保证原车的技术状况，需要一定的周转总成。

2. 汽车维修生产作业的组织形式

（1）定位作业　定位作业指汽车在固定的工位上进行修理的方法。通常，汽车的拆装、主要总成的拆装及车架、驾驶室的修理等，一般在固定的修理工位上完成，而拆卸后的修理作业可以在专业组进行。

定位作业的优点：占地面积小，不受时间限制，需要的修理设备简单，适合生产规模化不大或承修车型比较复杂的汽车售后服务企业。

定位作业的缺点：生产效率低。

（2）流水作业　流水作业指汽车在生产线上的各个工位上按确定的工艺顺序和节拍进行修理的方法。

流水作业的优点：专业化程度高，生产效率高，一般适合于生产规模较大或承修车型比较单一的汽车售后服务企业。

流水作业的缺点：设备投资大，占地面积大。

例如，某汽车4S店在钣喷车间建立的生产流水线，有效地缩短普通的油漆修补时间，将以往需要几天时间的修补工作缩短至8h，如图2-5所示。

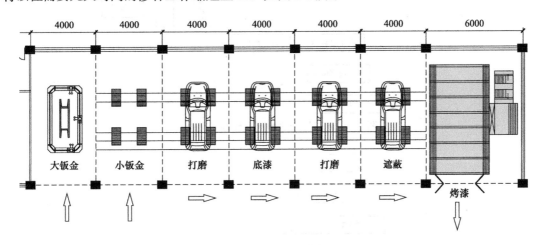

图2-5　钣喷快速作业流水线

（3）混合作业　混合作业指汽车的拆装在固定的工位上进行，而拆下部分总成的修理在流水线上按流水作业修理。

二、汽车维修的生产组织的工艺过程

1. 就车修理法的汽车修理工艺过程

就车修理法的工艺过程如图2-6所示。

2. 总成互换修理法的汽车修理工艺过程

总成互换修理法的汽车修理工艺过程如图2-7所示。

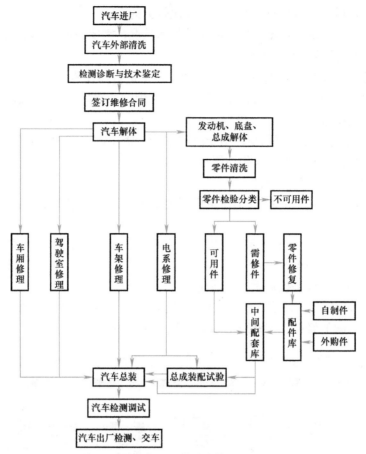

图 2-6 就车修理法的汽车修理工艺过程

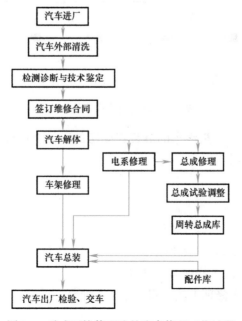

图 2-7 总成互换修理法的汽车修理工艺过程

三、实施汽车维修质量管理

1. 汽车维修质量内容

（1）性能　它是指维修或维护好的汽车为满足客户使用要求所具备的技术特性，如汽车大修后，发动机额定功率、车辆最高行驶速度等。

（2）寿命　它是指车辆维修后的正常使用期限，如汽车发动机大修后，在通常条件下可行驶的里程等。

（3）可靠性　它是指经维修的汽车投入使用后，维修部位的耐用程度和持久程度，一般用首发故障里程或小时数衡量。

（4）安全性　它是指汽车维修后使用中不出现机械故障和保证安全的程度，如维修后制动系统的制动效能和可靠性，转向系统的灵活性和操纵稳定性等。

（5）经济性　它是指维修后的汽车运行费用的大小，如与发动机燃油经济性相关的油耗费用和其消耗材料费用的大小等。

汽车维修质量是以上相互有一定关联的 5 个指标的综合反映。

2. 维修质量保证

依照交通运输部《机动车维修管理规定》（2021）规定，机动车维修实行竣工出厂质量保证期制度。

1）汽车和危险货物运输车辆整车修理或总成修理质量保证期为车辆行驶 20000km 或者 100 日；二级维护质量保证期为车辆行驶 5000km 或者 30 日；一级维护、小修及专项修理质量保证期为车辆行驶 2000km 或者 10 日。

质量保证期中行驶里程和日期指标，以先达到者为准。

机动车维修质量保证期，从维修竣工出厂之日起计算。

2）在质量保证期和承诺的质量保证期内，因维修质量原因造成机动车无法正常使用，且承修方在 3 日内不能或者无法提供因非维修原因而造成机动车无法使用的相关证据的，机动车维修经营者应当及时无偿返修，不得故意拖延或者无理拒绝。

在质量保证期内，机动车因同一故障或维修项目经两次修理仍不能正常使用的，机动车维修经营者应当负责联系其他机动车维修经营者，并承担相应修理费用。

3. 汽车售后服务企业的全面质量管理

全面质量管理（Total Quality Management，TQM）是以组织全员参与为基础的质量管理形式，其核心思想是企业的一切活动围绕着质量进行。它不仅要求质量管理部门进行质量管理，还要求从企业最高决策者到一般员工均应参加质量管理过程。全面质量管理还强调质量控制活动应包括从市场调研、产品规划、产品开发、制造、检测到售后服务等产品寿命循环的全过程。全面质量管理逐渐成为一种综合的、全面的经营管理方式和理念，又被认为是一种以质量为核心的经营管理。

汽车维修质量，受维修企业生产经营活动等多种因素的影响，是维修企业各项工作质量的综合反映。要保证和提高维修质量，就必须把影响维修质量的因素全面、系统地管理起来，即动员维修企业全体职工同心协力，全面提高维修专业技术、经营管理、数理统计和思想教育水平，建立健全客户接待、配件供应、维修操作、检验试验等活动全过程的维修质量保证体系，也就是全面质量管理体系，并使之有效地运行。

（1）全员参加维修全面质量管理 维修全面质量管理是维修企业各部门工作的综合反映。企业任何一个部门或个人的工作质量都会不同程度地、直接或间接地影响维修质量，因此必须把所有人员的积极性、创造性和责任感调动起来。人人关心维修质量，人人做好本职工作，全员参加维修质量管理，只有这样才能不断提高维修质量，达到客户满意。

实现全员维修质量管理，应注意抓好以下工作：

1）抓好全员的质量教育工作，加强职工的质量意识，牢固树立"质量第一"的思想，促进职工自觉地参加维修质量管理活动。同时，要不断提高职工的文化素质、专业技术知识、道德修养，并适应维修质量管理的需要。

2）要实现全员维修质量管理，需要开展各种形式的群众性质量管理活动，调动广大职工的积极性，充分发挥广大职工的聪明才智。

（2）全面质量管理的范围 全面质量管理的范围是客户接待、进厂检验、故障诊断、维修作业、中间检验、配件供应、检验试车的全过程。

维修全面质量管理要求把质量隐患消灭在维修过程之中，做到防检结合、以防为主，因此必须把质量管理的重点从单纯的试车检验转到维修作业过程中，树立"下道工序就是客户""努力为下道工序服务"的思想。各环节、各工序都要坚持高标准、高质量，积极为下一环节、下一工序着想，努力为下一环节、下一工序提供便利。只有这样，才能使整个维修企业目标一致地保证维修质量。

（3）全企业实施质量管理 要提高维修质量必须将分散在企业各部门的质量职能充分发挥出来，各部门都对维修质量负责，各部门的质量管理工作都是提高维修质量工作不可缺少的一部分，因此要求维修有关部门都要参加维修质量管理。但由于各有关部门在企业中的职责和作用不同，其质量管理的内容是不一样的。为了有效地进行质量管理，必须加强各部门之间的组织协调、齐心协力把维修质量提上去。

（4）采用多样的管理方法 随着汽车技术的发展，对汽车维修质量提出了越来越高的要求。影响维修质量的因素越来越复杂，既有物质因素，又有人的因素；既有技术因素，又有管理组织因素；既有企业内部因素，又有企业外部因素。要把这一系列因素系统地管理好，必须根据具体影响因素，灵活运用各种现代化管理方法，实行综合控制。在具体实施过程中，应注意以下几点：

1）尊重客观事实，依靠数据说话。在维修质量管理工作中，要保持严谨的工作作风，要求实事求是，科学分析，用事实和数据说话，用事实和数据反映质量问题。

2）遵循 PDCA 循环的工作程序。PDCA 是管理的基本方法，开展维修质量管理活动必须遵循 P（Plan）——计划、D（Do）——执行、C（Check）——检查、A（Action）——处理或分析总结这一科学的工作程序。

3）应用科技学术成果。维修全面质量管理是现代汽车维修技术和现代管理技术相结合的产物，因此应该采用现代科技手段为之服务，如先进的检测手段、先进的维修技术、计算机管理技术等。

四、一次修复

对于客户而言，他们对车辆维修服务的 3 个基本诉求是：维修品质、速度和价格。最根本的就是优良的维修品质，这直接决定了客户满意程度。

所谓一次修复就是第一次修理汽车的某一故障时就能完全修复。首先，在实际工作中，一次修复在企业和客户眼中的判断是有差异的。很多企业认为，符合一次修复的事例在客户看来却恰恰相反。有相当部分的客户虽然认为自己的车辆没有一次修好，却不会回厂，于是造成了"不以返修为特征"的"非一次修复"事例。其次，企业的维修服务流程涉及很多环节，即便技术过硬，依然不足以保证整个流程中不出现问题，或使客户认同企业对某一案件是否为一次修复的判断。再次，客户对维修时间的期待与要求越发明显，如果离开了"时间"的限制，"是否属于一次修复"将失去意义。另外，各企业对一次修复的理解不一，而且缺少改善方法和工具。

1. 一次修复的判定

影响一次修复的因素通常分为4个方面：诊断维修技术、客户沟通、流程管控和配件供应。例如，一汽丰田汽车公司按照"从客户角度出发，多因素综合判断"的原则，提出了"一次修复"的判定方法，如图2-8所示。

按照图2-8中的顺序对客户进行提问，只有当3个答案全部为"是"的时候，此案例才判定为"一次修复"；任何一个问题的答案为"否"，即结束该案件的调查，并将

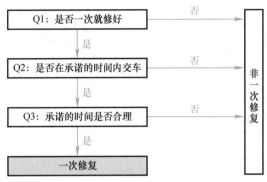

图2-8　一汽丰田汽车公司的"一次修复"判定方法

其视为"非一次修复"。对某些企业调查后发现，大部分汽车售后服务企业的一次性修复率很难达到95%，企业面临的客户不满、返修、投诉等非一次修复的压力非常明显。

2. 一次修复的改善

每个汽车售后服务企业都有各自的具体情况，其一次修复的改善的措施也可能各不相同，按照PDCA循环的工作程序，一次修复改善流程大概有如下几个步骤（图2-9）：

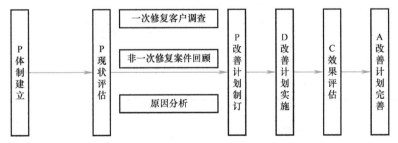

图2-9　一次修复改善流程

（1）体制建立　建立以总经理为核心的一次修复改善人员体制。

（2）现状评估　通过电话调查方式，收集非一次修复案例，并计算一次修复率。对于非一次修复案例，与当事员工一起回忆，初步探寻问题所在。

（3）改善计划制订　召集改善研讨会，分析原因，制订改善对策，并将责任落实到人。

（4）改善计划实施　实施改善对策。填写表2-2"故障问诊表"就是对一些被客户认定为故障的问题点进行反复的甄别和记录，以图表的形式反映真实问题之所在。

（5）效果评估　对"一次修复率"进行监控，以评估改善对策实施效果。

（6）改善计划完善　完善改善计划，并开始下一个改善循环。

表 2-2　故障问诊表

故障类型：异响□　重大投诉□　安全相关□　多次维修□（上次维修组别：　　　　）					
车型		车牌		里程	
生产日期		车架号		变速器类型	
用户名		电话		用户性别	
接车日期		交车日期		SA	
每日行驶里程：		车辆用途：		停车场：露天□　室内□	
使用环境：市区＿＿＿＿%　效外＿＿＿＿%　山路＿＿＿＿%　未铺装路＿＿＿＿%					

客户基本信息

故障现象：什么部位？什么时候？做什么操作？什么时候

客户描述：

故障发生时：			
天气：　　晴天□　阴天□　下雨天□　下雪天□　　没有关系□　气温（　　）℃			
故障发生场地：	停车场□　一般道路□　高速道路□　坡路：上□　下□　平坦路□		
	凹凸路□　恶劣路面□　弯道□　特定场地□		
故障频率：	经常出现□　偶尔出现□　不再出现□　起动后到故障发生时间：		
发生状态：	起动时□　怠速时□　行驶中□　前进时□　停车驻动时□　变速时□		
	转向时（左转□　右转□　转向角度：小□　大□　转向盘方向□）　速度：低□　高□		
	发动机转速：　　r/min　车速：　　km/h　发动机温度：　　℃		
	空调状态：开□　关□　风量：大□　小□　暖气□　冷气□　没关系□		

故障发生前刚进行过的维修项目：	精品加装情况：
	历史事故情况：

历史情况

备注：

参考示例

填表日期：	填表人员：
TL 签名：	本次维修组别：

第一次修理就能完全修复是对售后服务一个简洁的概括，但涵盖的内容非常丰富，也体现了汽车售后服务企业全面质量管理的理念。要想做到一次修复，涉及服务工作的方方面面，任何一个环节出现问题都可能无法顺利将客户的车辆修好。一次修复是涉及面很广的课题，问题的出现往往是多方面的失误所导致的，所以一次修复是一个非常复杂的问题。

汽车售后服务企业应从一些基础工作做起，建立坚实的基础才能构建强大的竞争力。

回答下列问题

判断下面说法的正确性，请在对应的"□"中画上"√"。

1）汽车维修生产作业的组织形式可分为定位作业、流水作业和混合作业。

正确　　□　　　　　　　　错误　　□

2）总成互换修理法的汽车修理工艺过程包括汽车验收和外部清洗、诊断检测、汽车解体、配件清洗、配件检验分类、配件修理、总成及部件装配试验、汽车总装试车、出厂检验和交车等。

正确　　□　　　　　　　　错误　　□

3）机动车整车修理或者总成修理质量保证期为机动车行驶 5000km 或者 60 日；维护、小修及专项修理质量保证期为机动车行驶 1000km 或者 7 日。

正确　　□　　　　　　　　错误　　□

4）汽车维修全面质量管理要求与质量相关的部门或人员参加。

正确　　□　　　　　　　　错误　　□

5）所谓一次修复就是第一次修理汽车的某一故障时就能完全修复。

正确　　□　　　　　　　　错误　　□

工作任务及工作页

1.运用车间设施功能定位与区域划分原则，采用实地访查方式，对4S店维修车间进行设备布置合理性检查。其检查清单见表2-3。

表 2-3　4S 店维修车间设备布置合理性检查清单

企业名称	
画出维修车间设施布置图	
车间总体情况	
（1）车间人员结构	
直接维修员工人数：	间接员工人数：
（2）现有车辆工位数	
车辆工位数：	停车位数目
修车工位合理：是□　　否□	
（3）车间功能定位和区域划分	
1）维修车间功能和区域有	
发动机维修区□　四轮定位区□　车辆大修区□　修理工位区□　其他区□	
车位布置呈现：15°□　　　30°□　　　90°□	
2）钣金车间功能和区域有	
大事故碰撞钣金工作区 □　　　大事故碰撞钣金工作区 □	
钣金拆卸配件仓库 □　　　其他工作 □_____	

（续）

3）喷漆车间设施功能和区域有

　　喷漆准备区 □　　　喷漆房 □　　　喷漆处理间 □　　　其他工作区 □＿＿＿＿＿＿＿

4）安全与环保设施功能和区域有

　　安全主干通道 □　　工位之间安全距离 □　　　照明足够 □　　　通风良好 □

布置合理性判断	是	否	说明原因
1）设备布置是否能保证维修过程的顺畅			
2）维修车间布置是否具有弹性作业空间			
3）维修车间布置是否能有效利用设备			
4）维修各工作区域空间是否有效利用			
5）维修车间布置是否能有效运用人力资源			
6）维修车间布置工作环境是否安全与环保			

检查结论：

　　　　合格□　　　　不合格□

改进建议：

2．根据企业设备使用情况，帮助企业建立设备台账（表2-4）。

表2-4　某汽车售后服务企业设备台账

序号	设备编号	设备名称	数量	型号规格	生产厂名	出厂日期	设备质量 /kg	总功率 /kW

3．确定企业生产与质量管理方式，以确保维修生产作业组织方法和工艺过程的合理性（表2-5）。

表2-5　企业生产与质量管理方式

1）汽车维修生产作业采用的方法 　　就车修理法 □　　　总成互换修理法□
2）汽车维修组织形式 　　定位作业 □　　　流水作业 □
3）画出汽车维修工艺流程图
4）说明采用上述生产作业方式、组织形式和工艺流程的理由

4．根据全面质量管理的思想，针对某汽车售后服务企业客户经常反映的交车时间得不到保证的现状，请用 PDCA 的方法分析如何进行改善。

_____

_____

_____

_____

_____

_____

✋ 项目二　学生学习目标检查表

你是否在教师的帮助下成功地完成了单元学习目标所设计的学习活动	
	肯定回答
专业能力	
知道汽车售后服务企业车间设施功能定位与区域划分原则	
确定车间功能基本参数	
运用原则对维修车间设施功能定位区域划分	
知道汽车维修设备分类	
正确领用和存放维修设备	
知道汽车售后服务企业汽车维修生产作业组织方法和工艺过程	
知道汽车维修企业全面质量管理的含义与内容	
能对一次性修复判定并提出改善方法	
关键能力	
你是否根据已有的学习步骤、标准完成资料的收集、分析、组织	
你是否有效和正确地进行交流	
你是否按计划有组织地活动，是否沿着学习目标努力	
你是否尽量利用学习资源完成学习目标	

完成情况

所有上述表格必须是肯定回答。如果不是，应咨询教师是否需要增加学习活动，以达到要求的技能。

教师签字：_____

学生签字：_____

完成时间和日期：_____

汽车售后服务企业安全、环保与 4S管理

项目学习目标

1. 职业目标

通过本项目的学习，认识汽车售后服务企业有关安全、环保、4S 管理的相关知识，获得按照企业相关标准进行汽车售后服务企业安全、环保、4S 管理的能力。其具体表现为：

1）能够进行汽车售后服务企业安全管理。

2）能够进行汽车售后服务企业环境保护管理。

3）能够进行汽车售后服务企业 4S 管理。

2. 职业素养

1）树立安全意识，具有可持续发展的环保价值观。

2）具有充分利用时间和资源，区分重点和监督自己工作的能力。

项目学习资源

有关汽车售后服务安全管理的资料，可查询文字或电子文档：

1）各品牌汽车厂商的网页。

2）各种介绍汽车售后服务流程管理的书籍。

3）有关职场健康与安全的法律与法规。

可提供学习的环境和使用的设备

1）车间或模拟车间。

2）维修接待或模拟维修接待前台工作环境。

3）安全的工作环境和工作场所。

4）整车车辆。

5）接待维修车辆和交车的必要技术文件。

任务一 实施汽车售后服务企业安全管理

任务学习目标

本任务可以帮助你认识职业健康知识，并形成汽车售后服务企业安全管理的能力。

1）认识职业健康知识。

2）认识安全管理的定义、特点、遵循原则。

3）运用汽车售后服务企业安全管理措施。

学习信息

思政导学

加强安全生产执法工作——确保人民生命安全放在第一位

2021 年 3 月 30 日，国家应急管理部根据中共中央办公厅、国务院办公厅印发的《关于深化应急管理综合行政执法改革的意见》提出的"突出加强安全生产执法工作，有效防范遏制生产安全事故发生"原则要求，发布了《关于加强安全生产执法工作的意见》（〔2021〕23 号）。

汽车售后服务企业也应该加强安全生产执法工作，提高运用法治思维和法治方式来解决安全生产问题的能力和水平，有力、有效防范化解安全风险、消除事故隐患，切实维护客户和员工的生命财产安全，推动企业安全发展。

在本任务学习内容中，安全、环保和 4S 管理之间不是独立的，而是相互关联、相互促进的。安全、环保是理念、是目标，4S 管理则可以确保安全和环保的实现。

例如在进行整理工作时，将废弃物分类置于规定的收集容器内，则同时满足了环保的要求；对地面物品进行整顿，则可防止被满地乱扔的物品绊倒，达到了安全的目的。

可以说，安全、环保、4S 三者一起，代表的是一种规范化、制度化、负责任的企业形象，是现代企业发展的方向和典范。

案例导入

叶先生的轿车是去年 11 月份买的。2 月的一天上午，他开车来到 4S 店做首次维护，顺带贴膜和安装倒车雷达。同时，他向工作人员反映，车辆发动机声音比较响，希望能一起查查。因为 4S 店做完这些要花四五个小时，叶先生还有其他事情，就把车钥匙留下后离开了，打算晚些时候来取车。

大约过了半个小时，叶先生的手机响了，是 4S 店打来的，说车子出了点事故，请他回来一趟。叶先生觉得事情不妙，赶紧返回 4S 店。眼前的情景让他惊呆了：半个小时前还好好的轿车，现在却面目全非，车头凹进去了，驾驶室车门只能打开一半，散热器也被撞坏。

4S店解释说，刚才员工开出去试车，在外面马路上和一辆轻型货车撞了，本方负全责，保险公司定损7000多元。这家4S店售后服务部的一位负责人说，客户的车子放在店里维护维修，如果店里的员工要开出4S店试车，必须填写"试车单"，并要有店内相关领导签字，同时一般还要征得车主同意。如果车主在场，就要车主签字；如果车主离开了，若只是因为一些小问题进行路试，有时也不用告知车主。这位负责人还表示，会妥善处理此事，"无论什么原因，车主把车子委托给我们，我们都要承担一定的责任。我们已经提供了一辆临时代步车给车主，接下来的处理会和车主进一步协商。"

律师认为，根据相关法律规定，车主在将车辆送到4S店进行维修维护时，双方已经建立了合同关系，4S店负有车辆安全保管义务。4S店员工履行试车职务行为时，造成车主财产损失的，4S店应当对受损车辆进行维修，恢复原状，赔偿损失。车主可以针对车辆受损造成的其他间接损失向4S店主张权利，如车辆修理期间的交通费、误工费，车辆受损贬值费等。

另一方面，试车时发生车祸不同于普通车祸，保险公司普遍免责。保险条例规定，凡在汽车维护、维修期间发生车祸，保险公司将不予赔偿，有关损失费用要4S店自己买单。

分 析 结 论

安全是一个企业管理中务必注意的方面，一旦事故发生，轻则造成客户不满意，企业负担经济损失，影响企业形象，重则造成企业停业整顿，相关责任人被追究法律责任，极大损害企业形象。汽车售后服务企业针对事故风险极高的汽车服务，加之维修车间的特种设备较多，用电频繁，其安全生产具有非常重要的意义。

一、职业健康

职业健康也称职业卫生，它是指员工在职业活动过程中免受有害因素侵害的领域，以及在法律、技术、设备、组织制度和教育等方面采取的相应措施。

在汽车售后服务企业职场中，威胁职业健康不良因素来源有3个途径：生产过程、劳动组织和作业环境。

（1）生产过程　由于汽车维修作业过程中，维修人员长时间接触汽油、润滑油、油漆、粉尘等化学物质，同时还受到烤漆房高温作业、发动机起动产生的强烈噪声和振动。激光焊接产生的射线辐射等物理因素作用，并常常在举升的车辆下方、狭小的零部件之间等充满危险的地方工作，长时间的固定姿势造成的劳动损伤和职业病时有发生。

（2）劳动组织　劳动组织和制度不合理（如劳动作息制度不合理）也会造成劳动者精神或心理性职业紧张，劳动强度过大或生产定额安排不当（如安排的作业与劳动者生理状况不相适应，超负荷加班加点等），劳动者长时间处于不良姿势或使用不合理的工具、不符合安全人机工程的要求等。

（3）作业环境　作业环境中的有害因素有自然环境因素（如炎热季节的太阳辐射），缺乏必要的卫生技术措施如通风换气或照明等，作业环境的卫生条件不符合国家卫生标准，缺少必要的个人劳动防护用品和卫生设施等。

在实际的生产场所和过程中，多种职业有害因素往往同时存在，对维修人员的健康产生联合作用，如激光焊接作业既有射线、眩光等物理性因素，又有视觉紧张、肩臂紧张等生理危害，同时由于工作压力大、工作单调，更容易产生心理紧张。只有对职业性有害因素进行全面的治理，才能保障员工的健康，为员工创造一个安全、卫生的工作环境。

二、企业安全管理的定义、内容、特点和基本原则

企业安全管理的定义与内容

1. 安全的定义

安全指免除不可接受的损害的状态，即在任何场所下不受威胁，不出事故，没有危险、危害和损失的状态。

职场健康安全指在作业场所内、生产过程中可能引起伤亡和职业危害的保护。保护的对象是作业场所中的员工、临时工作人员、合同方人员、访问者和其他人员。

2. 企业安全管理的定义和内容

企业安全管理是以实现安全保障为目的，以国家的法律、规定和技术标准为依据，运用现代安全管理原理和方法，采取经济、文化等手段，科学地组织、指挥和协调，对企业生产的安全状况实施有效制约的一切活动。

企业安全管理对象包括：企业经营者、生产管理者、生产人员在内的全体员工，生产的设备和环境，生产的动力和能量以及管理的信息和资料。企业安全管理内容主要包括安全行政管理、安全技术管理和工业卫生管理。

安全行政管理主要指以行政手段对企业职工行为进行规范，包括企业安全决策，计划的制订与实施，安全生产责任制的落实，各项规章制度的执行，以及日常的安全教育、检查、隐患治理、事故处理等靠行政命令执行的工作。

安全技术管理要以国家技术标准的安全要求为依据，对设备、设施、装置等是否符合标准状态进行检查、维修等管理工作。

工业卫生管理主要指检查作业环境是否符合安全卫生要求，对职工的健康检查，职业病的预防、调查、报告等管理工作。

3. 企业安全管理的特点

企业的安全管理工作通常具有以下一些特点：

（1）预防性 安全管理必须树立"预防为主"的思想，必须把安全工作做在事故发生之前，尽一切努力杜绝事故发生。预防性是安全生产管理的显著特点。

（2）长期性 任何企业只要生产活动还在进行，就有不安全的因素存在，就必须做好安全管理。这一特点决定了安全工作是一项长期、经常、艰苦细致的工作。

（3）科学性 安全工作有其规律性，各种安全制度、规程都是实践经验的总结。企业职工必须不断学习有关安全的科学知识，采取科学的预防措施，才能掌握安全生产的主动权。

（4）群众性 安全生产是一项与员工切身利益密切相关的工作，必须建立在广泛的群众基础上，全员参与，人人重视，安全才能得以保证。

我国现行的安全生产管理体制是"企业负责"。企业负责指企业的经营管理者必须为职工的职业活动提供全面的安全保障，对职工在劳动过程中的安全、健康负有领导责任。一

方面，企业法人代表对企业安全生产全面负责，全面落实安全生产责任制；另一方面，企业作为独立的法人团体，对企业发生的事故承担法律责任、行政责任或经济责任。

4. 企业安全管理基本原则

（1）"生产、安全同时抓"原则　一切从事生产、经营活动的单位和管理部门都必须管安全，在管理生产的同时认真贯彻执行国家安全生产的法规、政策和标准，制定本企业、本部门的安全生产规章制度，包括各种安全生产责任制、安全生产管理规定、安全卫生技术规范、岗位安全操作规程等，健全安全生产组织管理机构，配齐管理责任人员。

（2）"安全具有否决权"原则　安全工作是衡量企业经营管理工作好坏的一项基本内容。在对企业进行各项指标考核、评选先进时，必须首先考虑安全指标的完成情况。安全指标具有一票否决权。

（3）"三同时"原则　凡是我国境内新建、改建、扩建的基本建设项目、技术改造项目和引进的建设项目，其劳动安全卫生设施必须符合国家规定的标准，必须与主体工程同时设计、同时施工、同时投入生产和使用。

（4）"五同时"原则　企业的生产组织及领导者在计划、布置、检查、总结、评比生产工作的时候，同时计划、布置、检查、总结、评比安全工作。

（5）"四不放过"原则　调查处理工伤事故时，必须坚持事故原因分析不清不放过，事故责任和群众没有受到教育不放过，没有采取切实可行的防范措施不放过，事故责任者没有被处理不放过。

安全管理没有终点，它贯穿在企业生命的每分每秒，是个持续改善的过程。

安全生产与经济建设、深化改革、技术改造同步规划、同步发展、同步实施。

同时，企业应有计划、重效果、及时反馈、分阶段、精神物质鼓励相结合地推进安全工作，从物品、人员、环境等方面逐一排查，避免高温高压腐蚀危险，杜绝工作马虎或侥幸心理，与时俱进采用现代化安全管理方法，防止事故发生。

可以说，安全管理不仅是国家的一项重要政策，也是市场经济发展的需要，是现代社会和现代企业实现安全生产和安全生活的必由之路，是企业在经营过程中，能够在工作状态、行为、设备及管理等一系列活动中给员工带来既安全又舒适的工作环境，系统地建立防伤病、防污染、防火、防水、防盗、防损、防泄密、防疫等措施。安全管理不仅关系到广大职工的生命财产等切身利益，关系到职工的生产积极性，关系到企业在社会中的良好形象，更与企业的经济效益息息相关，是其可持续发展的重要基石。

三、汽车售后服务企业安全管理措施

1. 汽车售后服务企业安全管理内容

结合汽车售后服务企业的生产过程可以看到，其安全管理涉及的对象主要包括办公室人员、维修车间人员、客户等所有出入企业的相关人员，由于其生产过程的特殊性，管理内容又包括常规安全、维修设备安全、维修作业安全、技术文件资料安全、路试安全等。

2. 汽车售后服务企业安全管理法规

适用的国家法律有《中华人民共和国安全生产法》《中华人民共和国消防法》等；实施细则有《建筑内部装修设计防火规范》《公共场所阻燃制品及组件燃烧性能要求和标识》《劳动防护用品管理规定》等；地方性法规，如《重庆市安全生产监督管理规定》《贵州省安全

生产条例》《广东省工伤保险条例》。

中华人民共和国安全生产法

为了加强安全生产工作、防止和减少生产安全事故、保障人民群众生命和财产安全、促进经济社会持续健康发展而制定的《中华人民共和国安全生产法》，于 2002 年 6 月 29 日第九届全国人民代表大会常务委员会第二十八次会议通过，2002 年 11 月 1 日实施。并分别于 2009 年和 2014 年，根据全国人民代表大会常务委员会决议，进行两次修正。

2020 年 11 月 25 日，国务院总理李克强主持召开国务院常务会议，通过了《中华人民共和国安全生产法（修正草案）》。

国家质量监督检验检疫总局颁发的《汽车维修业开业条件》中，对汽车维修企业安全生产做了以下要求：

1）企业应具有与其维修作业内容相适应的安全管理制度和安全保护措施，建立并实施安全生产责任制。安全保护设施、消防设施等应符合有关规定。

安全生产责任制，即企业的各级领导、职能部门、工程技术人员和在一定岗位上的劳动者个人在劳动生产过程中对安全生产层层负责的制度，是企业的一项基本管理制度，也是安全生产、劳动保护的核心。

2）企业应有各类机电设备的安全操作规程，并将安全操作规程明示在相应的工位或设备处。

针对作业的操作规程如喷漆、试车操作规程，针对设备的操作规程如举升机、空气压缩机操作规程。

3）使用与存储有毒、易燃、易爆物品和粉尘、腐蚀剂、压力容器等均应有相应的安全防护措施和设施。安全防护措施应有明显的警示、禁令标志。

例如，气瓶的操作规程中应加入"开启时必须使用专用工具，操作人员站在瓶阀出气口侧面，禁止将头或身体对准气瓶总阀；气瓶应存放于阴凉、干燥、远离热源的地方，易燃气体气瓶与明火距离不小于 5m"等内容。

4）生产厂房和停车场应符合安全、环保和消防等各项要求，安全、消防设施的设置地点应明示管理要求和操作规程。

5）应具有安全生产事故的应急预案。

3．汽车售后服务企业安全管理具体措施

（1）管理层面采取的安全措施　管理层面采取的安全措施主要包含以下内容：

1）企业应在充分了解生产作业过程及其所涉及的人员、技术、设备的基础上，仔细甄别安全隐患，防微杜渐，从细小的地方做起，针对不同的工种、作业和设备，制定符合安全原则的操作工艺和规程；落实安全责任制，将管理、宣传、实施、监督等责任落实到具体的个人，并予以公示。

2）在企业内部进行全员安全培训，确保所有员工（包括新进员工）明确地知道安全生产的重要性，明确地理解企业的安全管理方针和理念，熟练地掌握本岗位和所操作机械设备的安全操作规程。

3）工作过程中，所有作业人员应遵章守纪，服从指挥，规范作业。

4）定期开展安全教育和整顿。对一段时间内发生的安全事故进行统计和公告，总结事故发生原因，改进相应操作和规定。根据人员变动等新情况对实施细则进行调整。变更内容同样需要公示。

（2）维修场地的安全措施 维修场地的安全措施主要有：

1）维修车间的平面布局合理，维修工位和车辆通道有合理的搭配，维修车辆进出方便。

2）每个维修工位要有足够的面积和高度。

3）维修车间通风、采光应良好。

4）维修车间的消防设施应齐全良好。

5）维修车间应有合理的供、排水系统。

6）维修车间应采用合理的地面措施，防止打滑。

7）面积较大的维修车间应设有可供人员逃生的紧急疏通安全通道。

8）不要放置不必要的物品，以免成为步行或行驶中的障碍。

（3）维修人员的安全措施 维修人员的安全措施主要有：

1）特种作业人员必须按国家有关规定经专门的安全作业培训，取得特种作业操作资格证书才能上岗。

2）企业应教育和督促全体人员严格执行本单位的安全生产规章制度和安全操作规程。

3）维修人员应了解其作业场所和工作岗位存在的危险因素、防范措施及事故应急措施，及时对企业的安全生产工作提出建议。

4）维修人员在维修作业过程中，应严格遵守本企业的安全生产规章制度和操作规程，服从管理，正确使用劳保用品。

5）维修人员应接受安全生产教育和培训，掌握安全生产知识，提高安全意识，增强事故处理能力。

6）企业管理人员不得违章指挥，不得侵犯维修人员合法利益。

（4）保护客户的安全措施 保护客户的安全措施有：

1）确保客户在经销店各区域不迷路。

2）确保客户不被放置的物品击中。

3）确保客户停车场无车祸，设置停车轮挡（图3-1）。

4）确保儿童游乐区无危险。

（5）维修设备使用的安全措施 维修设备使用的安全措施主要有：

图3-1 停车轮挡

1）设备应经常维护，定期检查。

2）危及生产安全的工具设备应及时淘汰。

3）选购设备时优先考虑其安全性。

4）各设备使用时不得相互干涉。

（6）维修车辆试车或移动的安全措施 维修车辆试车或移动的安全措施有：

1）应有专门的制度针对试车或移动。

2）试车或移动应由安全意识和驾驶技术好的人员担任。

3）未经允许不得随意移动车辆或试车。

4）车间规划设计时，应考虑车辆的专用通道、移动路线并设置限速牌、反光镜等。

（7）危险品使用的安全措施　危险品使用的安全措施主要有：

1）危险品应存放于专门的危险品仓库，并有专人管理。

2）危险品在运输、使用、存放过程中应注意密封、轻拿轻放、避免高温等。

3）危险品附近应配备消防器材。

（8）正确穿戴劳动保护用具　正确穿戴劳动保护用具应了解：

1）劳动保护主要指在劳动生产过程中，实施的避免劳动伤害的制度上、措施上的行为。

2）劳动保护用品有六大类：头部护具类、呼吸护具类、眼（面）护具类、防护服类、防护鞋类、防坠落护具类。

（9）急救措施　急救措施包含：

1）要配备急救箱，并将急救箱放置在容易辨认的场所。

2）急救箱中必须放入止血、消毒和烫伤类药品，以及绷带、创可贴等。

3）指定责任人，定期检查急救箱中药品，处理过期药品，补充新药品。

❓ 回答下列问题

在备选选项中，选出你认为正确的所有答案。

1．汽车售后服务企业的安全管理内容有（　　）。

  A．常规安全   B．设备安全   C．路试安全   D．操作安全

2．汽车售后服务企业日常安全管理适用的法律法规有（　　）。

  A．道路交通安全法   B．安全生产法

  C．汽车维修业开业条件   D．环境保护法

3．安全操作规程的制定方法有（　　）。

  A．按工种制定 B．按设备制定 C．按人员制定 D．按作业制定

4．易燃气体气瓶与明火的距离应（　　）。

  A．不大于3m B．不小于3m C．不大于5m D．不小于5m

5．安全的原则是（　　）。

  A．防微杜渐 B．预防为主 C．麻痹大意 D．以人为本

任务二　实施汽车售后服务企业环境保护管理

🏃 任务学习目标

本任务可以帮助你认识环境保护知识，实施汽车售后服务企业的环境保护管理。

1）知道环境保护知识。

2）认识汽车售后服务企业环境保要点。

学习信息

思政导学

绿色低碳循环发展——为构建人类命运共同体做出贡献

2021 年 2 月 2 日,《国务院关于加快建立健全绿色低碳循环发展经济体系的指导意见》(国发〔2021〕4 号)颁布,提出了绿色低碳循环发展经济的指导思想是: 以习近平新时代中国特色社会主义思想为指导,深入贯彻党的十九大和十九届二中、三中、四中、五中全会精神,全面贯彻习近平生态文明思想,认真落实党中央、国务院决策部署,坚定不移贯彻新发展理念,全方位全过程推行绿色规划、绿色设计、绿色投资、绿色建设、绿色生产、绿色流通、绿色生活、绿色消费,使发展建立在高效利用资源、严格保护生态环境、有效控制温室气体排放的基础上,统筹推进高质量发展和高水平保护,建立健全绿色低碳循环发展的经济体系,确保实现碳达峰、碳中和目标,推动我国绿色发展迈上新台阶。

文件中特别强调汽车售后服务企业作业的一些环保措施,如优先使用新能源或清洁能源汽车; 通过推动汽修、装修装饰等行业使用低挥发性有机物含量的原、辅材料,来提高服务业绿色发展水平; 通过加快构建废旧物资循环利用体系,加强废纸、废塑料、废旧轮胎、废金属、废玻璃等再生资源回收利用,提升资源产出率和回收利用率; 降低汽车尾气碳排放等,在产业结构、能源结构、运输结构明显优化基础上,汽车售后服务企业应为促使生态环境根本好转、实现美丽中国建设目标、构建人类命运共同体做出积极贡献。

案例导入

家住海口市的陈女士向媒体反映: 自家的鱼塘被某汽车品牌 4S 店排出的废润滑油污染了。陈女士在媒体记者面前打开了该 4S 店旁边的市政排污井盖,顿时,一股润滑油味扑鼻而来。陈女士说,这些废润滑油都是这家 4S 店的维修车间里排出的。陈女士告诉记者,她家投资 80 万元建的鱼塘已经有 20 年的时间了,由于这两个月经常刮风下雨,一下大暴雨排水井海水倒灌,排水井里的废润滑油污水溢出来,流入位于这家 4S 店后的鱼塘里。“鱼客跟我反映,为什么这段时间我的鱼都有油臭味? 我自己也很纳闷,怎么会有油臭味呢? 我们全家八口人都靠这个鱼塘生活,现在这些鱼客已经不跟我有生意往来了,这两个月我损失了 30 余万元,生意无法继续。”陈女士说起鱼塘被污染的事,欲哭无泪。

据该店修理车间负责人王先生说,他们这家店已经开了两年了,但是最近这两个月以来经常下暴雨,排水沟里的污水倒灌上来,污水横流,他们店也被水淹了,并且他们的润滑油都会回收再出售,不会直接进入排污管道。

海口市国土环境资源局的工作人员接到投诉后立即赶到了现场,并查看了该 4S 店的排污系统。工作人员在该汽车 4S 店的汽车清理间看到,这个清理间地面和下水沟已经覆盖了厚厚的黑色油污。海口市国土环境资源局工作人员表示,这家 4S 店的修理车间没有排污水处理系统,排污系统并没有达到环保的要求。随后,国土环境资源局工作人员给这家 4S 店下发了整改通知。至于赔偿问题，国土环境资源局的工作人员表示，这必须要由海口市环境监测站提取鱼塘里的水样化验，确认是否超过了标准后，双方再协商处理。

分析结论

作为一个有责任的企业，保护环境是义不容辞的责任，也是法律对企业的要求。汽车售后服务企业生产的特点涉及粉尘、噪声、废油、污水等环境保护的薄弱环节，进行环境保护是一项非常艰巨的任务。一个企业若能在生产的同时努力做到了环境保护，那么该企业会受到社会的尊敬，也会赢得更多的客户的赞同。

自然环境和生活环境是人类生存的必要条件，其组成和质量好坏与人体健康的关系极为密切。人类活动排放各种污染物，使环境质量下降或恶化。反之，污染物可以通过各种媒介侵入人体，使人体各种器官组织功能失调，引发各种疾病，严重时导致死亡。经历了工业社会发展引起的两次环境问题大爆发，世界各国政府和人民都意识到人类活动对环境造成的危害，强调保护和改善人类环境的重要性和迫切性。地球只有一个，可是这个地球正在被我们人类制造出来的各种环境灾难所威胁：水污染、空气污染、噪声污染、垃圾污染、臭氧层空洞……环境的恶劣与否，关系到人类生活质量的高低，是人类赖以生产和发展的客观条件。保护环境就是保护我们的粮仓、保护我们的能源库，就是保护我们自己的生存基础。

一、环境保护

1. 环境的相关概念

环境指影响人类生存和发展的各种天然的和经过人工改造的自然因素的总体，其内容既包括自然环境，也包括人的生存、生活环境（人工环境）。

自然环境也称地理环境，指未经过人的加工改造而天然存在的环境。自然环境按环境要素，可分为大气环境、水环境、土壤环境、地质环境和生物环境等，是人类赖以生存和发展的物质基础。人工环境指在自然环境的基础上经过人的加工改造所形成的环境，或人为创造的环境。人工环境与自然环境的区别主要是人工环境对自然物质的形态作了较大的改变，使其失去了原有的面貌。

2. 环境问题

环境问题主要指人类活动作用于周围环境所产生的环境质量变化，以及这种变化反过来对人类的生产、生活和健康产生的影响。环境问题是人类经济社会发展与环境的关系不协调所引发的问题。

当前全球范围内面临的环境问题主要是人口、资源、生态破坏和环境污染。

仅以大气环境污染为例，其危害就包括：

1）造成酸雨严重。酸雨的危害包括：破坏森林生态系统，改变土壤性质和结构，破坏水体生态系统，腐蚀建筑物，损害人体呼吸系统和皮肤。

2）破坏臭氧层。被破坏了的臭氧层导致辐射地表的太阳紫外线增强，诱发白内障和皮肤癌，降低人体免疫力。

3）造成温室效应和气候变化。大气环境污染导致地球温度升高，改变降雨和蒸发体系，影响农作物和粮食资源，改变大气环流，进而影响海洋水流，冰川融化海平面上升，富营养区的迁移、海洋生物的再分布。

除此以外，2020 年全球突如其来的新冠疫情，使得新的污染源突现。据海洋保护组织 Oceans Asia 发布的报告称，2020 年约 15.6 亿个口罩流入海洋，对海洋生物产生威胁。不但发现有章鱼躲在废弃口罩下、企鹅误吞 N95 口罩导致营养不良，还发生不少海洋生物被口罩的耳带缠绕而死亡的案例。

可见，人类的生产、生活活动对其他物种甚至整个地球环境，都可能产生巨大的、不可忽视的影响。

3. 环境保护措施

环境保护是解决环境问题的重要途径。所谓环境保护指人类为解决现实的或潜在的环境问题，协调人类与环境的关系，保障经济社会的持续发展而采取的各种行动的总称。其方法和手段有工程技术的、行政管理的，也有法律的、经济的、宣传教育等。

针对不同的环境问题，环境保护分成了大气污染防治、水污染防治、固体废物综合利用和处理、噪声污染防治等。

（1）大气污染防治　大气污染防治通常采用的治理方法有：

1）吸附法。它是使废气与大表面多孔性固体物质相接触，使废气中的有害组分吸附在固体表面，使其与气体混合物分离从而达到净化的目的。

2）催化法。它是利用催化剂的催化作用，将废气中的有害物质转化为无害物质或易于去除的物质，从而治理废气。

3）燃烧法。它是将含有可燃有害组分的混合气体加热到一定温度后，组分进行燃烧，或在高温下氧化分解，从而使这些有害组分转化为无害物质。

（2）水污染防治　水污染的治理方法有：

1）均衡调节法。多数工业企业排出的废水水质、水量常常是不稳定的，具有很强的随机性，这需要进行水量的调节与水质的均衡。调节和均衡主要通过设在废水处理系统之前的调节池来实现。

2）沉淀。它是利用废水中悬浮物密度比水大这一特点，借助重力作用下沉的原理达到固液分离的目的。

3）筛除与过滤。它是利用过滤介质截留废水中的悬浮物。

4）离心分离。废水中的悬浮物借助离心设备的高速旋转，在离心力作用下与水分离。

5）化学法。它是利用化学作用处理废水中的溶解物质或胶体物质。

（3）固体废物综合利用和处理　工业固体废物来自工业部门生产和加工过程，如各种废渣、粉尘、废屑、污泥等。其处置办法有：

1）焚化法。它是将有机有毒固体废物通过焚化使其转化成二氧化碳、水和灰分。

2）固化法。它是采用物理或化学的固化剂，使有害废物形成基本不溶解或溶解度较低的物质，或将他们包封在惰性固化体中进行处理。

3）海洋投弃法。它是将有害固体废物直接或经过处理以后投入海洋。

4）化学处理法。它是利用有害固体废物的化学性质，将有害物质转化为无害的最终产物。

5）生物处理法。它是利用生物技术和特性，通过生化过程，使废物经生化的降解而降低或解除毒性，使之无害化。

二、汽车售后服务企业环境保护

汽车售后服务企业因其业务的特殊性，涉及三废排放须经专门处理。例如，洗车废水需修建沉淀池，喷漆废气需经过无纺布过滤及活性炭吸附才能排入大气等。

1. 环境保护法律、法规

（1）国际法律　国际环境管理体系认证 ISO14000 是全球商业、工业、政府和其他用户用来约束组织的环境行为的系列标准，具有适应性强、有弹性、持续改善的特征。它包括制定、实施、评审和保持环境方针所需的组织结构、策划活动、职责、程序过程和资源，以达到节省资源、减少环境污染、改善环境质量、促进经济持续健康发展的目的。

ISO14000 的基本要点有：将尾端污染治理转为全过程污染控制；强调建立完整的环境管理体系；预防污染必须持续改善提高；处理任何一件事都讲究程序，做到文件化；以现行环保法规为依据，重在环境因素控制。

组织实施 ISO14000，可以将环境保护工作贯穿在产品设计、生产、流通和消费的全过程，优化企业的环境行为，达到节省资源能源、改善环境、增强市场竞争力、提高员工环保意识、提高企业形象的效益。

（2）国家宪法　我国宪法对环境与资源保护做出了强制性规定。涉及的具体法律法规有：《中华人民共和国环境保护法》《中华人民共和国水污染防治法》《中华人民共和国大气污染防治法》《中华人民共和国固体废物污染环境防治法》《中华人民共和国环境噪声污染防治法》《化学危险品安全管理条例》。

（3）地方法规　各地方政府针对环境保护制定了如《重庆市环境保护条例》《重庆关于加强汽车维修行业废矿物油环境管理工作的通知》等法规，规定了环境影响评估、污染物排放、噪声防治、环境检测等内容。

（4）行业法规　在《汽车维修业开业条件》（国家标准 GB/T 16739.2—2014）中，对行业内企业的环境保护工作做出了以下规定：

1）企业应具有废油、废液、废气、废水、废蓄电池、废轮胎、含石棉废料及垃圾等有害物质集中收集、有效处理和保持环境整洁的环境保护管理制度。有害物质存储区域应界定清楚，必要时应有隔离、控制措施。其中，废油、废液、废水主要有机修车间废润滑油、废齿轮油、制动油、助力油、洗车污水、机修车间清扫废水、食堂卫生间污水等。废气主要有喷漆废气、燃烧废气、机修车间尾气、食堂油烟等；垃圾如油桶、空气瓶、使用过的手套等。

2）作业环境以及按生产工艺配置的处理"四废"（废油、废液、废气、废水）及采光、通风、吸尘、净化、消声等设施，均应符合有关规定。

3）涂漆车间应设有专用的废水排放及处理设施，采用干打磨工艺的，应有粉尘收集装置和除尘设备，并应设有通风设备。

4）调试车间或调试工位应设置汽车尾气收集净化装置。

（5）企业规定　部分汽车生产企业对其下游企业在环境保护方面有具体要求，如"应设立专人负责关注和处理环境相关问题，应保有书面的环保方针，使用专用环保漆"等。

2. 汽车售后服务企业环境保护要点

（1）防止水污染　防止水污染的主要措施有：

1）禁止任何人将污水、含有有毒化学药品的废水排放到水沟中。

2）禁止任何人将垃圾、废油、废渣、有毒废弃物排放到下水道中。

3）严禁用稀释方法排放废液。

4）应有污水、污油收集隔离池等环保设施。

5）应设有污水的三级隔油隔渣池。

（2）防止大气污染　防止大气污染的主要措施有：

1）禁止在厂内烧沥青、油毡、橡胶、塑料及其他可产生毒性气体的废物。

2）汽车喷漆必须在厂房内进行，喷漆间要安装排风扇、排放口放置活性炭。

3）储藏的油漆及稀释剂，经常检查，防止漏失，妥善保管。

（3）防止其他污染　防止其他污染主要措施有：

1）做好各种设备的维护。

2）加强废油管理，凡是更换下来的废油一律储存于专门的容器内，统一管理回收。

3）砂轮机、空压机等产生较大噪声的设备，经常注意检修，以减少噪声污染，必要时建立专用隔声房。

4）应适当减少晚上作业时间，防止噪声扰民。

（4）环保职责　环保职责应包含：

1）设兼职环保员1名，负责全厂环境保护工作。

2）认真学习宣传环保方针政策及有关规定，不定时监督坚持执行情况。

3）对严重违反环保条例的个人，要进行教育批评和经济处罚。

回答下列问题

判断下面说法的正确性，请在对应的"□"中画上"√"。

1）环境指大气环境、水环境、土壤环境、地质环境和生物环境。

　　正确　　□　　　　　　　　错误　　□

2）环境保护是解决环境问题的唯一途径。

　　正确　　□　　　　　　　　错误　　□

3）"四废"指废油、废液、废气、废水。

　　正确　　□　　　　　　　　错误　　□

4）洗车的水可以直接排入城市下水道。

　　正确　　□　　　　　　　　错误　　□

任务三　实施汽车售后服务企业 4S 管理

任务学习目标

本任务可以帮助你合理地运用汽车售后服务企业 4S 管理技巧。

1）知道 4S 管理的含义。

2）知道 4S 管理流程。

3）运用 4S 常用管理技巧。

学习信息

思政导学

羞耻文化与 6S 大脚印——海尔集团现场管理创新方法

"6S 大脚印"是海尔在加强生产现场管理方面独创的一种方法。海尔生产车间开班前、班后会的地方有两个大脚印，被称为"6S 大脚印"。如果有谁违反了 6S（整理、整顿、清扫、清洁、安全、素养）中的任意一条，下班开会的时候，就要让大家站到这两个脚印上自我反省，负责人说明情况并进行教育批评。这种基于羞耻文化心理的管理制度通过负激励，有效地规范了员工的行为。

企业管理水平的提高依赖于管理者与被管理者双方的表现与素质，海尔集团除了按照 80/20 法则抓干部素质之外，6S 大脚印管理对规范员工的职业行为、提高员工素质，加强企业基础管理促进作用很大。这种管理方法之所以有效，就在于此制度建立在中国员工特有的文化心理之上，从而提高企业每一位员工的标准化管理的职业素养。

一、4S 管理的含义

4S 代表一种管理模式，即整理（Sifting/Seiri）、整顿（Sorting/Seiton）、清扫（Sweeping/Seiso）、清洁（Span/Seiketsu）首字母缩写。

（1）整理　整理是 4S 管理的起点，它是把必要的东西与不必要的东西区分开，并把不必要的东西处理掉。"东西"不仅仅指物品，也指头脑中的思想意识。

1）整理的目的：①腾出空间；②防止误用、误送；③创造清爽的工作场所；④清理工作思路。

2）整理的要点：①对自己的工作场所进行全面检查；②确定"必要品"和"非必要品"的判断标准；③将不要的物品清除出工作场所；④明确必要品的使用频率，决定日常用量及放置位置，制订废弃物处理方法。

（2）整顿　整顿是 4S 管理的基本点。它是确认有用的物品后，将它们分门别类的放置，并进行标志和定置、定位，使物品随手可取。另外，对必要品实行目视管理、颜色管理，进行适当的定位，使物品放置标准化，员工可以快速、正确、安全地取用所要的物品，这样能大大提高工作效率。

1）整顿的目的：①使工作场所一目了然，营造整齐的工作环境；②减少寻找物品的时间。

2）整顿的要点：①整顿是进一步巩固整理工作的成果；②对工作流程进行合理布局，确定放置场所；③规定放置的方法；④画线定位；⑤对场所、物品进行标志；⑥整顿的"三要素"，即"场所、方法、标志"缺一不可；⑦物品的保管实行三定，即"定点、定容、定量"。

（3）清扫 清扫是4S管理的立足点。它是将工作场所中的设备、工具等打扫干净，并除去污染源，对整理、整顿已改善完成的事项进行持续性的维持和改进，使工作场所无垃圾、尘垢和污染，进而提高产品品质及工作效率。每个人有责任负担相关区域的清洁工作，对设备及工位器具进行维护，自己的范围自己打扫干净。

1）清扫的目的：①消除脏污，保持工作场所明亮；②提高产品质量；③减少工作伤害。

2）清扫的要点：①划分企业内外的清扫责任区；②执行例行扫除，清理脏污；③调查污染源，并予以隔离；④建立清扫标准并作为管理规范。

（4）清洁 清洁是4S管理的落脚点。它是整理、整顿、清扫的坚持与深入，将之前3项进行到底保持其成果，并将前3项工作标准化、制度化，并持之以恒。

1）清洁的目的：巩固、改进以上3S的成果。

2）清洁的要点：①落实前面3S的成果；②制订目视管理实施办法；③制订考评方法；④制订奖惩制度，加强检查执行力度；⑤高层主管经常巡查，以示重视。

4S管理的基本要求是改善工作环境，养成良好习惯。通过规范现场、现物，营造一目了然的卖场环境，对外可以提升企业形象，吸引客户，增强信心，对内培养员工的团队精神和良好的工作习惯，革除马虎之心，养成凡事认真的习惯，养成遵守规定的习惯，养成自觉维护卖场环境整洁明了的良好习惯，养成文明礼貌的习惯。4S管理的要求不仅仅是干净整洁，更不是一次性的短暂活动，而在于不断追求和改善。有了标准化和人性化的4S管理后，员工处在良好的工作环境之下，不仅能更开心更投入地工作，还能使工作效率得到提高，生产质量得到保障，管理成本得以降低。某办公室桌面实施4S前后对比如图3-2所示。

图3-2 某办公室桌面实施4S前后对比

二、4S 管理流程

4S管理流程如图3-3所示。

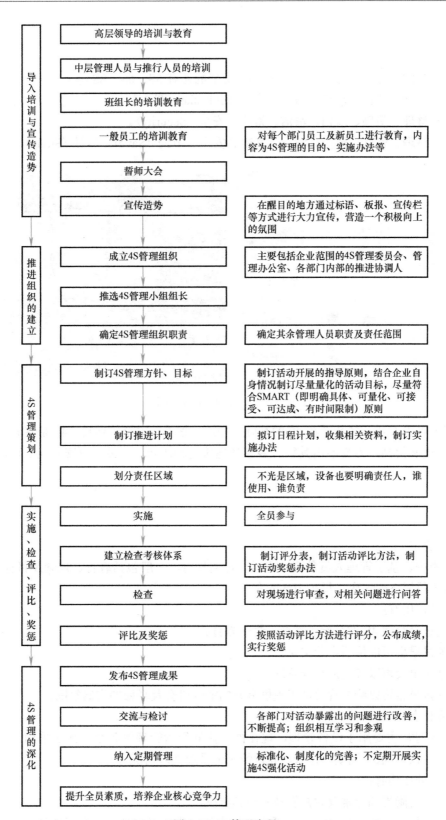

图 3-3　4S 管理流程

三、多 S 管理

当今流行的企业管理方法中，除了 4S，类似的还有 5S、6S、8S 等。

5S——整理、整顿、清扫、清洁、素养（Shitsuke）（图 3-4）。

6S——整理、整顿、清扫、清洁、素养、安全（Security）。

8S——整理、整顿、清扫、清洁、素养、安全、节约（Save）、学习（Study）。

图 3-4　5S 管理展板和车间

从以上可以看到，多 S 是在 4S 的基础上增加了素养、安全等项目。4S 是基础，多 S 是对 4S 的补充和提高，万变不离其宗。多 S 管理从现场抓起，使员工更安心地工作，最终提高员工素质。

四、4S 常用管理技巧

1．早会

早会由中、基层管理人员负责，定时、定期举行，一般包括教育、理念及目标等内容，频率一般为每周 3～5 次，每次 10min 左右。

早会的作用有：

1）通过早会使 4S 教育始于教育，终于教育。

2）通过早会可以传播企业文化。

3）通过早会可以实施追踪与管理。

4）通过早会可以给主管及员工提供良好的锻炼机会及轻松的沟通氛围。

2．点检表

点检表起初主要用于设备管理，现在被企业的经营管理等各个方面所采用，其主要项目有点检项目、方法、周期、记录、异常情况记录及处理情况等。

点检表的作用有：

1）使设备隐患和异常及时被发现并得到解决。

2）保证检查和维护的质量，降低突发性事故发生的可能性，有利于增加产量和降低维修费用。

3）有利于推行各种经济责任制，提高工作效率。

4）有利于建立完整的设备技术资料档案。

3．目视管理

目视管理是利用形象、色彩等各种视觉感知信息来组织现场生产活动，达到提高劳动生产率的一种管理方式。目视管理有 3 个要点：无论是谁都能判断；能迅速判断，精度高；判断结果不会因人而异。

目视管理的作用有：

1）目视管理形象直观，能提高员工的生产效率。

2）目视管理能对员工产生良好的心理效应。

3）目视管理透明度高，能起到激励员工的作用。

4．作业标准化

对工作方法进行分析总结，将最正确、最经济、最有效的工作方法加以文件化，并教育员工在作业中遵照执行，即作业标准化。

作业标准化的作业：

1）将作业标准维持在最佳状态，避免工作出现偏差。

2）减少因员工流失给企业带来的技术损失。

3）为教育训练员工提供良好的教材。

5．头脑风暴法

头脑风暴即无限制的自由联想和讨论，其目的在于产生新观念或激发创新设想。

头脑风暴法的作用：

1）联想能产生新观念。

2）畅所欲言能提出大量的新思路。

3）集体讨论问题能激发人的热情。

4）竞争意识能开动思维机器。

? 回答下列问题

1．根据自己的理解，描述 4S 各个 S 的含义及具体操作：

1）1S: _____

2）2S: _____

3）3S: _____

4）4S: _____

2．判断下面说法的正确性，请在对应的"□"中画上"√"

1）4S 的起点是整理。

　　正确　　□　　　　　　　　错误　　□

2）4S 在执行阶段的要点是全员参与。

　　正确　　□　　　　　　　　错误　　□

3）4S 执行一次就可以了。

正确 ☐ 　　　　　　错误 ☐

4）安全、环保和4S管理是相互独立的。

正确 ☐ 　　　　　　错误 ☐

3. 查阅一条环境保护相关法律，并说明在汽车售后服务企业中应该怎样落实执行该条文。

_____

_____

_____

_____

🔧 工作任务及工作页

1. 你必须考虑任何危害在工作环境中对其他人安全所造成的影响。下面请选择一个工作环境，按照表3-1中所列出的内容进行职业健康安全检查，并说出检查结果的原因。

表3-1 职业健康安全检查清单——工作环境

紧 急 措 施	是	否	说 明 原 因
1）制订并实施了部门应急行动计划，对当地的应急措施进行了说明			
2）指定有紧急情况（火灾）民间消防员队长和消防员，并有头盔以示识别			
3）所有紧急情况的监管人员均经过培训			
4）放置及固定有合适的灭火装置，并配以适当的标牌			
5）每隔6个月对灭火器进行更换			
6）消火栓及水龙带卷盘经常维护更新			
7）灭火毯被明显地固定在可拿到的区域			
8）天花板上的消防洒水器／热感应探头无故障			
9）消防洒水器／探头未损坏			
10）消防门无损坏、故障			
11）突出显示应急电话号码（贴在电话上）			
12）前6个月期间有应急疏散演练			
13）所有员工都有紧急措施意识：所有新员工均进行了应急措施介绍说明			
急 救 设 施	是	否	说 明 原 因
1）有可用的急救箱			
2）急救箱内的物品均经过检验			
3）指定有急救箱负责人			
4）公开指定有急救人员			
5）急救人员经过培训，并有定期温习培训			

（续）

卫 生 设 施	是	否	说 明 原 因
1）有洗手设施			
2）洗手间清洁卫生，各用品摆放整洁			
3）工作区域适合工作			
4）工作区域干净整洁			
5）具有职场安全卫生政策			
6）自上次检查以来，对员工职场安全卫生培训进行记录			
出　口	是	否	说 明 原 因
1）出口无障碍物			
2）必要时，有发光出口方向的指示标志			
3）出口门未上锁			
地　板	是	否	说 明 原 因
1）地板平面平坦，未破损且防滑			
2）调整地面覆盖物以防意外			
3）地毯状况良好，无划破、不平、裂缝及松散的布缝			
4）无明显木片			
通　路	是	否	说 明 原 因
1）走廊光线充足			
2）走廊无障碍物			
3）通路至少有 600mm 宽			
4）通路上未放置设备			
5）楼梯干净整洁			
6）楼梯上无破损梯面			
7）扶手无故障			
8）楼梯平台洁净			
电　力	是	否	说 明 原 因
1）有足够的电源插座			
2）开关 / 电源插座工作正常			
3）仅使用认可的电源板			
4）电源板在地板或工作台上固定良好			
5）地板上的导线均加以标识			
6）所有保有的电器设备进行登记			
7）对电器设备的每一项的风险评测记录和适当周期的电力测试进行登记			

（续）

照　　明	是	否	说 明 原 因
1）为所做工作提供充足的照明			
2）视频显示设备的屏幕上无反射			
3）照明配件干净且无故障			
4）无窗房间有应急照明			
5）照明开关容易找到			
通　　风	是	否	说 明 原 因
1）办公室/实验室温度为18～30℃			
2）湿度在大部分员工主观可接受的范围内			
3）无台式辐射物			
4）复印机安置在通风良好处			
5）没有来自任何空调的噪声			
6）可接受的空气质量（烟、灰尘、花粉、氧气及二氧化碳含量）			
存　　储	是	否	说 明 原 因
1）除专门存放地外，存放物不高于1.8m			
2）存储地无粗糙毛边或突出物			
安　　全	是	否	说 明 原 因
1）对保有的危险材料、货物进行登记			
2）在每个相关工作场所，都有针对所有危险材料的材料安全数据单			
3）正确标识所有容器			
4）为危险性工作制定有安全操作流程规范			
5）具有意外/事故报告表			
6）对自上次检查以后新进的员工进行适当介绍			

2. 学生分组进行模拟练习，分别扮演：负责安全的副总、保安、服务顾问、机修工、钣金工、仓库管理等工作岗位的人员，模拟汽车售后服务企业的安全管理会议，拟定一份企业的安全管理措施。

企业安全管理措施　（此方面内容将单独描述）

附加内容：

_____

_____

_____

_____

_____

_____

_____

_____

_____

_____

_____

_____

_____

3. 请根据观察到的 4S 店环境保护管理情况，找出环境保护管理中的弊病，指出存在的问题，提出解决的措施，并填写好以下环境保护管理情况核查表（表 3-2）。

表 3-2　职场中环境危险源与环境保护风险评价

| 危险源 | 风险 | 风险等级 | | | | 风险控制行动计划 | 责任人 | 消除危险完成日期 |
		低	中	较大	重大			

4. 按照 4S 管理流程，观察企业 4S 管理流程做法并记录。

整理 _____

整顿 _____

清扫 _____

清洁 _____

5. 找出汽车售后服务企业 4S 管理中存在的弊病，提出解决的措施。

_____

_____

_____

_____

_____

_____

_____

_____

_____

_____

_____

_____

项目三　学生学习目标检查表

你是否在教师的帮助下成功地完成单元学习目标所设计的学习活动	
	肯定回答
专业能力	
知道职业健康知识	
知道安全管理的定义、特点、遵循原则	
能运用汽车售后服务企业安全管理措施	
知道环境保护知识	
知道汽车售后服务企业环境保护要点	
知道 4S 管理的含义	
知道 4S 管理的流程与技巧	
关键能力	
你是否根据已有的学习步骤、标准完成资料的收集、分析、组织	
你是否有效和正确地进行交流	
你是否按计划有组织地活动，是否沿着学习目标努力	
你是否尽量利用学习资源完成学习目标	
完成情况	
所有上述表格必须是肯定回答。如果不是，应咨询教师是否需要增加学习活动，以达到要求的技能。	

教师签字：_____

学生签字：_____

完成时间和日期：_____

汽车维修配件管理

项目学习目标

通过本项目的学习，认识汽车售后服务企业维修配件管理的相关知识，获得按照业务标准流程进行维修配件采购与仓储管理的能力。其具体表现为：

1. 职业目标
1）能够对汽车维修配件的采购进行管理。
2）能够对汽车维修配件的仓储进行管理。

2. 职业素养
1）培养学生敬业、精益求精、专注、爱岗的工匠精神。
2）具备制订工作计划、节约能效、降低库存的主人翁精神。
3）具有充分利用时间和资源，区分重点和监督自己工作的能力。

项目学习资源

有关汽车售后服务流程管理的资料，可查询文字或电子文档：
1）各品牌汽车厂商的网页。
2）各种介绍汽车售后服务流程管理的书籍。
3）有关职场健康与安全的法律与法规。

可提供学习的环境和使用的设备

1）安全的工作环境和工作场所。
2）配件仓库或模拟配件仓库。
3）不同类型的汽车配件。
4）配件管理的软件操作平台。
5）工具。

任务一　实施维修配件采购管理

任务学习目标

本任务可以帮助你运用准时化采购的原理，合理地确定维修配件的采购量。

1）认识准时化采购的理念及意义。

2）知道准时化采购的原理和特点。

3）学会计算维修配件的采购量。

📖 学习信息

思 政 导 学

全面促进资源节约集约利用

2014 年 6 月 13 日，习近平总书记在《在中央财经领导小组第六次会议上的讲话》中谈到，要大力发展循环经济，立足我国国情，紧跟国际技术革命新趋势，通过技术创新、产业创新、商业模式创新，促进生产、流通、消费过程的减量化、再利用、资源化。

在世界经济全球化的形势和信息网络技术的高速发展下，全球经济运行方式和流通方式产生了巨大变化。上海通用汽车有限公司就采用了标准的准时化（JIT）库存控制模式，由国际知名的物流咨询公司 RYDER 为其打造零库存管理系统，使汽车零部件存放于运输途中，在生产线旁边设立再配送中心，配送中心仅需维持 288 套最低安全库存数量。准时化采购模式已成为我国企业采购管理的一个新趋势，汽车售后服务企业也将准时制引入到采购管理中，不但保证了原材料和零部件的供应，还促进了资源节约集约利用。

对于汽车售后服务企业来说，生产过程中库存浪费无疑是发展中最大的阻碍之一。在生产运营的过程中，如何通过恰当的采购管理保证正常生产的同时，尽可能地降低库存、提高资金周转率、减少浪费是各企业运营管理者思考的难题。

一、准时化采购管理

准时化采购又称为零库存采购。它是由丰田汽车公司创造的 JIT 理念（即准时化管理思想）演变而来的。

1. 准时化理念

准时化的基本思想是"杜绝浪费""只在需要的时候，按需要的量，生产所需要的产品"。准时化追求一种无库存生产系统，或是库存量达到最小的生产系统。

2. 准时化采购原理

准时化采购原理如图 4-1 所示。

准时化采购理念

准时化采购原理

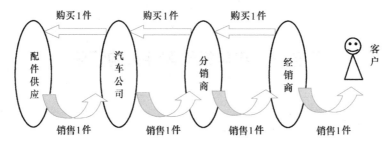

图 4-1　准时化采购原理

1）采购送货是直接送到需求点上。

2）客户需要什么就送什么，品种规格符合客户需要。

3）客户需要什么质量就送什么质量，品种质量符合客户需要，杜绝次品、废品。

4）客户需要多少就送多少，不少送，也不多送。

5）客户什么时候需要就什么时候送货，不晚送，也不早送。

6）客户在什么地点需要就送到什么地点。

准时化采购是一种理想的无库存采购方式，它的核心是使库存最小化，即消除一切只增加成本而不向产品中增加价值的过程。准时化的最终目标是利润最大化，基本目标是努力降低成本。它设置了一个最高标准、一种极限目标，即零配件的库存为零、缺陷为零。为了尽可能实现这样的目标，准时化采购提供了一个不断改进的有效途径，即降低物资库存—暴露物资采购问题—采取措施解决问题—降低物资库存。

3．准时化采购的作用

准时化采购的作用主要体现在以下几点：

（1）大幅度减少零配件的库存　准时化采购可以使库存降低 40% ～ 85%。零配件库存的降低有利于减少流动资金的占用，加速流动资金的周转，同时有利于节省零配件库存占用的空间，从而降低库存成本。

（2）提高零配件采购质量　实施准时化采购可以使购买的原材料和外购件的质量提高2 ～ 3 倍，而采购件质量的提高会引致质量成本的降低。据估计，推行准时化采购可使质量成本减少 26% ～ 63%。

（3）降低采购价格　由于供应商和制造商的密切合作以及内部规模效益与长期订货，再加上消除了采购过程中的一些浪费（如订货手续、装卸环节、检验手续等），就使采购价格得以降低。

此外，实行准时化采购策略不仅缩短了交货时间，节约了采购过程所需资源（人、财、物），而且提高了企业的劳动生产率，增加了企业的适应能力。

4．准时化采购的特点

准时化采购的特点主要表现在以下 7 个方面：

1）采用较少的供应商，甚至单源供应。

2）采取小批量采购的策略。

3）对供应商选择的标准发生变化。

4）对交货准时性的要求更加严格。

5）从根源上保障采购质量。

6）对信息交流的需求加强。

7）可靠的送货和特定的包装要求。

准时化的
特点

准时化采购与传统采购相比具有鲜明的特点，具体见表 4-1。

表 4-1　准时化采购与传统采购的特点

项　　目	准时化采购	传统采购
采购批量	小批量，送货频率高	大批量、送货频率低
供应商选择	长期合作，单源供应	短期合作，多源供应

（续）

项　　目	准时化采购	传统采购
供应商评价	质量、交货期、价格	质量、价格、交货期
检查工作	逐渐减少，最后消除	收货、点货、质量验收
协商内容	长期合作，质量与合理价格	获得最低价格
运输	准时送货，采购者负责计划安排	较低成本，供应商负责计划安排
文书工作	工作较少，需要的是有能力改变交货时间和质量	文书量大，改变交货期和质量的采购单多
产品说明	供应商革新，强调性能宽松要求	买方关心设计，供应商没有创新
包装	小、标准化容器包装	普通包装，无特别说明
信息交流	快速、可靠	一般要求

二、零配件采购量的确定

1. 标准库存量的计算

准时化采购方式根据配件需求的历史情况，决定每一种零配件的库存数量，即标准库存数量（Standard Stock Quantity，SSQ）。

标准库存数量具体计算公式如下：

$$SSQ = MAD \times (O/C + L/T + S/S)$$

式中　MAD（Monthly Average Demand）——月均需求数量；

O/C（Order Cycle）——订货周期；

L/T（Lead Time）——到货周期；

S/S（Safe Stock）——安全库存周期。

（1）月均需求数量（MAD）的计算　月均需求数量（MAD）如何计算呢？例如，某配件在前6个月的销售统计情况见表4-2。

表4-2　某配件在前6个月的销售统计情况

月　　份	1月	2月	3月	4月	5月	6月
销售数量/个	10	5	8	6	15	10

$$MAD = \frac{10个 + 5个 + 8个 + 6个 + 15个 + 10个}{6} = 9个$$

因此，月均需求数量的计算公式如下：

$$MAD = \frac{配件各月销售数量之和}{月数}$$

（2）订货周期（O/C）的计算　例如：

1个月订1次货：O/C = 1个月

1个月订2次货：O/C = 0.5个月

1个月订4次货：O/C = 0.25个月

因此，订货周期的计算公式如下：

$$O/C = \frac{1}{\text{每月订货次数}}$$

（3）到货周期（L/T）的计算　到货周期即配件从卖方仓库到买方仓库需要的时间。例如，1 个月 = 1 个月，半个月 = 0.5 个月，以此类推。

（4）安全库存周期 S/S 的计算　通常的情况下如果保有订货周期和到货周期这两个周期的库存基本是没问题的，但有的时候会因为运输问题或市场炒作造成未到货或者库存销售异常，所以有必要准备一部分安全库存（S/S）应付意外。

安全库存的计算公式如下：

$$S/S = (O/C + L/T) \times 70\%$$

安全库存量
计算

2．建议订货数量（采购量）的计算

当库存零配件发生消耗以后，应该根据实际情况及时采购来补充库存，采购数量（Suggested Order Quantity，SOQ）即建议订货数量的计算公式如下：

$$SOQ = SSQ - O/H - O/O + B/O$$

式中　　　O/H（On Hand）——现有库存数量；

　　　　　O/O（On Order）——在途数量；

　　　B/O（Back Order）——追加订货，就是当没有库存或库存不足的时候所发生的替客户做的追加订货。

值得注意的是：追加订货客观地反映了库存中的不足，所以要把追加订货随时加入月均需求数量的计算中以客观地调整标准库存量的变化。

❓ 回答下列问题

1．实际采购量的计算：某汽车 4S 店，仓库中某型号的轮胎储备只剩两个，现打算采购一批新轮胎。请根据现有数据帮配件采购员小李计算一下本次的轮胎采购量（SOQ）。根据以往经验，该公司每月采购 1 次轮胎，从采购订单生效起至货到时需要 1 周时间，暂时无客户提出追加该配件的需求。上 1 次采购的轮胎已全部入库。表 4-3 为 2020 年 12 个月该型号轮胎的销售记录。

表 4-3　2020 年 12 个月该型号轮胎的销售记录

月　份	1 月	2 月	3 月	4 月	5 月	6 月	7 月	8 月	9 月	10 月	11 月	12 月
轮胎数 / 只	3	3	3	7	3	8	12	8	5	5	6	3

请写出各参数的计算过程：

_____

_____

_____

_____

_____

2．判断下面说法的正确性，请在对应的"□"中画上"√"。

1）汽车售后服务企业配件采购管理如果采用了准时化采购理念，就是指该企业的配件库存为零。

正确　□　　　　　　　　错误　□

2）汽车售后服务企业采购管理模式应该是多样化的，针对不同配件可采用不同的采购方式。

正确　□　　　　　　　　错误　□

3）准时化采购是企业以订单为生产目标，采用小批量多品种生产，其目标是在合适时间生产合适产品，给合适的客户，即零库存，在这个目标下产生准时、准确的采购。

正确　□　　　　　　　　错误　□

4）对于汽车售后服务企业的易损件，准时化采购模式并不适用。

正确　□　　　　　　　　错误　□

5）采用准时化采购管理方式可以不断发现目前库存管理中隐藏的问题，通过不断地改进，最终达到库存量的最小。

正确　□　　　　　　　　错误　□

任务二　实施维修配件仓储管理

任务学习目标

本任务可以帮助你认识配件仓储管理知识，合理地实施维修配件仓储管理流程。

1）认识配件仓储管理知识。

2）知道配件入库、仓储、出库、盘点管理的内容。

3）运用维修配件仓储管理流程。

学习信息

思政导学

爱岗敬业绽放风采——"三八红旗手"金丽

金丽是应城市"三八红旗手"、湖北回盛生物科技有限公司仓储物流部主管。她主管仓储部收货、发货、包装、部门人员、ERP数据管理等。作为部门主管，她在该岗位尽职尽责，用青春和智慧抒写爱岗敬业时代文明女性的骄人风采。

在日常工作中，作为公司仓储物流部主管，她对调度、装卸、包装和出、入库等各个环节全面构思，调整业务新流程，将原来每个仓库货品集体管理的方式改为由保管员分规格、分种类保管相应产品库存。每天当同事们都将自己手上的盘点工作做完后，金丽的工作其实才刚刚开始——她需要亲自完成8个合库、200多种原材料、近1000个规格产品的数据汇总与比对，查找误差原因，及时弥补缺失。如此浩大繁重的工作量，她必须2天内完成。金丽常说，忙的不是生产，更多的管理是靠细节。在新冠疫情防控期间，金丽主动弃休加班，带领班组员工保障公司物资正常供应战"疫"，她用心用情用力、用智慧和汗水"盘点"，绘就一张张满意"成绩单"。

> 　　仓储管理，盘点精细。差之毫厘，谬以千里。当你负责维修配件仓储管理工作时，你也应该具备金丽的敬业、精益、专注、爱岗的职业精神。

　　维修配件的仓储管理是汽车售后服务企业维修配件管理的重要内容之一。

　　仓储管理指为了顺利地进行仓库作业活动，使人、设备和物资三要素协调配合，消灭浪费，防止由于不量力而行和不平衡造成失误而进行的一系列管理活动。仓储管理的过程是从物资入库开始，到把该批物资发出去为止的全部过程，主要是围绕着物资进库、保管和维护、出库而开展的一系列活动。

　　汽车配件仓储管理是以汽车配件的入库、保管、维护和出库为中心而开展的一系列活动。

　　汽车配件材料类型：

　　1）金属制品，如钢铁材料、非铁金属。

　　2）橡胶制品，如天然橡胶、合成橡胶。

　　3）其他材料，如工程塑料、玻璃、石棉制品等。

　　4）汽车美容用品。

　　5）油类和液类，如汽油机润滑油、柴油机润滑油、制动液、齿轮油、防冻液、车蜡、油漆配件等。

　　有的配件精度很高，不能随便拆换，如柴油机的喷油泵芯套和喷油器；有的不仅保管期限短，而且对保管的温度有一定的要求，如补胎胶；有的是易碎品，如汽车玻璃、各种大小灯泡、车门等。由于汽车是一种技术含量很高的产品，近年来许多高、精、尖的技术都在汽车上应用，如计算机、安全气囊、防抱死制动系统、电喷系统等，因此对此类装置的维修维护和配件储存提出了更高的要求。

　　为了保管好各种各样的汽车配件及其横向产品，必须根据其不同的性质、特点区别对待，妥善地处理好在入库、保管和出库中产生的一系列技术问题。

一、维修配件入库管理

维修配件入库管理流程

　　汽车维修配件一经验收入库，就划清了责任界限。因此，需要对采购到货后的配件进行相应的入库管理。其入库流程为接运、验收和办理入库手续3个程序（图4-2）。

　　1. 接运

　　接运是维修配件仓库收到到货通知后，向承运部门或供货地点提取配件的工作。在接运时，接运人要对照"货物单"认真检查，做到交接手续清楚、证件资料齐全，避免将存在问题的配件带入仓库，造成仓库的验收或保管出现困难。

　　接运根据到货地点的不同分为几种方式，常见的有专线接运，供货单位提货，车站、码头提货等。

　　（1）专线接运　专线接运指在建有铁路专用线仓库内，当到货后在专用线上进行卸车。

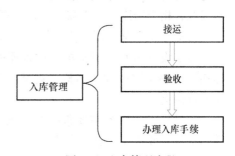

图4-2　入库管理流程

（2）供货单位提货　当仓库与供货单位在同一地点时，常采用自提方式进货。仓库自备运输工具，按照订货合同规定的自提配件直接到供货单位提取。一般来说，该种方式付款手续与提货同时办理，因此应该严格检查外观质量，点清数量。

（3）车站、码头提货　车站、码头是维修配件仓库提货的主要地点。提货人接到到货通知后，应预先了解配件的数量、质量和特点，并相应地做好运输装卸器具和人力准备。提货时，提货人应认真核对配件运号、名称、收货单位和件数与运单是否相符；仔细检查包装等外观质量，如发现包装破损、少件、受潮、油污、锈蚀、损坏等情况，应会同承运部门一起查清，并开具文字记录，才能将货提回。

2．验收

即将入库的配件必须经过严格的验收，并且验收要做到及时、准确，在规定时间内完成。验收程序如图4-3所示。

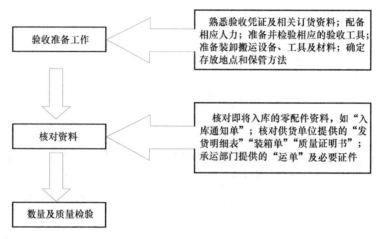

图4-3　验收程序

3．入库

经过验收后，对于数量准确、质量合格的维修配件应该及时办理入库手续，并按照预先确定的存放地点对应入库。

入库手续主要包括登记入账、设立卡片、建立档案、配件存放。

（1）登记入账　为了能够及时、准确地反映各维修配件的储存动态，仓库在入库时应对每一品种规格或不同级别的配件建立收、发、存的明细账。这种明细账一般称为进销存明细账，相当于库存流水账，可以根据此账核查配件的实际库存量。

目前，企业常采用计算机软件管理。

（2）设立卡片　对于第一次入库的新的维修配件应为其设立一种活动的实物标签。该标签应能够反映配件的名称、规格、型号、级别、储备金额和实际数量，一般直接挂在对应的货位上。

配件标签的内容主要包括配件编号、配件名称、规格型号、存放位置或仓位编号、配件的最低存放量（安全存放量）和最高存放量、配件订购点（产地）等，具体如图4-4所示。

（3）建立档案　每一年的出入库有关资料都应存放档案，以便日后查询与参照。建立档案时，应注意尽可能一物一档，统一编号。目前，企业一般使用计算机软件系统进行档案管理。

图 4-4　配件标签

（4）配件存放　存放配件时，应将体积较小的配件放在硬纸盒里，再将硬纸盒放置在相应标签的货架上，针对汽车上一些特殊的配件应该放置在专门的货架上。例如，前后风窗玻璃及车窗玻璃应存放在玻璃货架上；减振器必须垂直放置，因此货架设计成网格状的插槽，每个减振器使用一个插槽。

二、维修配件仓库管理

1. 配件的仓位编号

仓位编号即配件的仓库位置号，有的称为货位号，可通过配件所处仓库位置的空间三维坐标表示。通过仓位编号可以快速、准确地对所需配件进行定位。

某配件仓位编号位置示意图1

仓位编号可由仓库号（有多个仓库时）、货架号、货架层号、货架列号组成。编号过程中对于货架号、层号、列号的编号方法必须要统一。例如，某企业设置有多个仓库，仓库中货架号统一按照从前到后的顺序，以英文大写字母表示；货架层号按照从上到下的顺序，列号按照从左到右的顺序，以阿拉伯数字表示。图 4-5 显示了某配件（仓位编号为 3B0223）在仓库中的位置。

2. 仓库存放配件原则

仓库存放配件应遵循以下 7 个原则：

仓库存放原则

（1）根据周转速度确定配件存放位置原则　周转速度快的配件应放在离作业区比较近的位置。这样可以缩短出入库作业路线，提高工作效率。

（2）配件竖直摆放原则　配件（尤其是对于大型细长件）尽可能采用竖直放置，可以提高空间的利用率与出入库的效率，并能保证存储质量。

（3）重物下置原则　从出入库作业的安全性和工作效率方面考虑，质量较大或体积较大型的配件（如轮胎、轮辋、蓄电池等）应放置在下面，确切地说是不超过腰部的位置。

（4）一配件号一货位原则　每个货位只能放置一种配件。这是规范存储管理的基本原则，因此要严格执行。

（5）配件放在伸手可及的地方原则　将零配件放在伸手可及的区域，快流件放在最易拿取的位置。这样不仅可以大大提高出入库的作业效率，同时可保证人员和配件的安全。

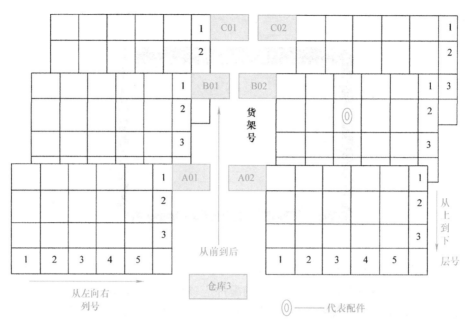

图 4-5　某配件（仓位编号为 3B0223）在仓库中的位置示意图

（6）可视化的异常配件数量管理原则　如果在库数量超出了标准库存数量，那么超出的部分应该单独放置，并且用明显的标志标明。这样可以及时发现异常配件，避免库存积压，并能够及时发现并改善导致异常的原因。

（7）按配件类型存放原则　配件存放时，要充分考虑配件的体积、数量、材质等，并进行简单的分类，将相似配件放置在一起。这样可以优化仓储空间，缩短出入库作业线路，避免配件损坏。

3．配件的保管与维护原则

配件的保管与维护应遵循以下原则：

（1）根据配件性能安排适当的仓库与货位原则　汽车零配件众多，各配件的材料和制作工艺各具特点，有的怕潮湿、有的怕光照射、有的怕热、有的怕压等，一旦在存储中忽略了这些特性就会影响配件的性能。因此，在配件的保管过程中需要采取防尘、防潮、防照射等措施，为仓储提供适宜的环境，并且根据配件对储存条件的要求，分别安排到适当的仓库和货位上。具体原则如下：

1）对于大多数金属配件，一般集中放在通风、向阳的位置，并放置于底部（地面加垫），这样可以防止金属配件受腐蚀或受潮生锈。

2）对于忌高温的配件，应放置在阴凉、无阳光照射的位置。

3）对于防尘、防潮、防高温要求较高的配件，可以考虑设置专柜储存。

4）对于精密的、高档的、已经开箱的配件，如仪器仪表、轴承等，在条件允许的情况下，可用专用储存柜或密封室储存。

（2）留意储存期限，严格执行先进先出的原则　零配件在生产出厂时，一般都规定了能够保证产品质量的储存日期，如果超出该期限就会影响其使用性能与使用寿命。例如，橡胶制品一般在 1 年内能够保证其使用性能符合标准要求；蓄电池在两年内应具有干电荷电的性能，2～3 年内具有一般蓄电池性能。因此仓储管理过程中，应注意各配件的储存期限；在出库时严格执行先进先出的原则，尽量缩短零配件的在库时间，使零配件尽快在储存期限内销售或使用完。

（3）严格执行零配件维护制度原则　严格按照各种零配件的维护制度对库存零配件进行必要的清理与维护。

（4）加强仓库内温度、湿度的控制原则　根据不同季节、不同自然条件，采用通风、除湿、降温等措施来加强对仓库内温度、湿度的控制。

（5）特殊零配件的存放原则　对于某些特殊零配件的存放，应该按照一定的要求或条件来进行。

1）不能沾油配件的存放。对于不能沾油的配件，存放时应尽可能远离油桶；尽量不破坏零配件的包装；存取时，应保证双手清洁、干燥。

一般不能沾油的配件有轮胎、水管接头、橡胶带等橡胶制品，干式纸质空气滤清器滤芯，发电机、起动机的电刷和转子，干式离合器的各个摩擦片、制动器的制动蹄或制动盘、摩擦片，散热器等。

2）蓄电池的存放。蓄电池储存时，应防止重叠过多和碰撞；应避免电极受损；注意加注塞的密封等。蓄电池极板应储存在干燥的环境中，储存期一般规定为 6 个月。

3）减振器的存放。减振器若过长时间水平放置，会使其性能变差甚至失效，因此应该竖直放置。

三、维修配件的管理

1. 维修配件的出库管理

汽车售后服务企业维修配件的出库主要分为客户付费维修领料、厂家保修索赔维修领料、保险理赔维修领料 3 种情况。维修配件的出库流程如图 4-6 所示。表 4-4 为领料申请表，表 4-5 为零配件出库单。

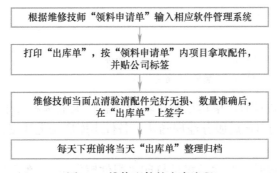

维修配件
出库流程

图 4-6　维修配件的出库流程

办理维修配件出库手续时应注意的问题：

1）客户付费维修领料时，备件出库应按服务顾问（Service Advisor，S/A）签字确认的内容打印"配件出仓单"。

2）厂家保修索赔维修领料时，备件出库应按索赔员签字确认的内容打印"配件出仓单"。使用厂家无偿提供的用于招回维修的配件时，应在该配件专项进销存账目中办理出库，不得与仓库账混淆。

表4-4　领料申请表

领料申请单						
申请部门：					日期：	
序　号	物品名称	数　量	单　位	单　价	合计金额	备　注
1						
2						
3						
4						
5						
合计金额（大写）：　万　仟　百　拾　元　角　分（　　　　　　）						
审核意见：					主管签字：	
审批人：　　　　　　发料人：　　　　　　　　领料人：						

表4-5　零配件出库单

								编号： 年　月　日	
车　型	图　号	配件名称	单　位	数　量	单　价	金　额	备　注		
		合　计							
开票员　　　　　　库管员　　　　　　　财务　　　　　　　客户									

注：本单一式四联，依次分别交开票员、库管员、财务室、客户

3）保险理赔维修领料时，单辆维修车辆配件总需求金额不大于1000元的，由前台主管确认，超出1000元的由售后服务经理确认。备件出库应按上述责任人签字确认的内容打印"配件出仓单"。

4）在备件对外销售时，配件销售员打印"配件销售单"，客户凭"配件销售单"到前台结算付款。备件出库应按经结算员确认收到款项的"配件销售单"打印"配件出仓单"进行发料。

5）打印"配件出仓单"前，必须认真核对，确认相关仓位码、配件编码、名称、适用车型等信息与需求配件完全一致，杜绝出库配件名实不符。

6）对于应该交旧领新的配件，仓库管理员在确认旧件已回收后，根据"配件出仓单"上的内容进行发货。

7）发货时，必须先通过系统打印"配件出仓单"，再由发货人和领料人共同验货、清点，确认名实相符、数量正确、质量合格后在"配件出仓单"上签字确认。不允许先发出配件，事后补办领料手续。

8）出库物资必须准确计量。包装量大于单次使用需求量的材料，应按实际需求量拆零出库，并做到拆零计量准确、成本核算到单台维修车辆，不得按包装量整批出库。

9）仓库管理员发货时，应根据入库日期按照先进先出原则进行操作。

10）配件出仓后因误领、误发等原因需要退回仓库，经验收确认没有损坏，可办理领用退库，并应及时录入系统，打印"退库单"，由领料退库人收货签字确认后，单证交结算员做结算相关处理。

11）仓管员每收发一项配件都必须及时准确地录入售后服务系统，及时在进销存卡上准确记录收发时间和数量；进销存卡必须对应仓位、配件名称、配件编码，不可乱放乱记。

2. 配件借用及调拨业务

配件借用及调拨业务的具体实施细则如下：

1）本单位维修车间因外出救援或判断疑难故障而借用配件时，借件人应填写"配件借用申请表"（表4-6），经服务经理签字确认后才可借用，并确保配件能当日、整洁、完好地归还。

表4-6　配件借用申请表

年　　月　　日

施工单号		车型		车牌号	
车主		联系电话		用件地点	
配件借用原因：					

序　号	配件编码	配件名称	单　位	数　量	成 本 价	备　注
1						
2						
3						
4						

车间主管意见：

日期：

售后服务经理审批：

日期：

借出时间	借出状态	归还时间	归还状态
库管员：	库管员：	库管员：	库管员：
借件人：	借件人：	借件人：	借件人：

填写说明：

1. 本表用于车间向配件仓库借用配件的审批和记录。

2. 车辆维修中出现因技术手段不足，经车间主管确认必须通过借用配件做故障判断，或外出救援必须携带配件现场排除故障时，使用本表。

3. 本表由借件人填写，必须如实填写相关信息，库管员确认配件名称、编码的正确性，经车间主管签署意见后，报服务经理审批。

4. 借出、归还配件时，借件人和库管员必须当面确认配件完好状态和时间，并在表中填写、签名。

5. 本表由库管员保管，如有丢失，由库管员承担全部责任。

2）仓管员应主动跟进，及时收回借出的配件，备件主管必须在每天下班前检查所借出的配件是否收回。

3）借件当天配件丢失的，由借件人全额赔偿。借件次日以后发现丢失的由备件主管和仓管员共同全额赔偿。

4）集团公司内部各不同品牌经营单位之间调拨备件时，需要填写"配件内部调拨申请单"（表 4-7），经售后服务部审批后，以该备件的销售价（最终客户价）的九折进行调拨；集团内同品牌经营单位间调拨配件，由双方直接联系，不必通过售后服务部审批。

表 4-7　配件内部调拨申请单

编号：　　　　年　月　第　　次

调入单位			调出单位		
施工单号		车型		车架号	
车主		车牌		联系电话	
配件资料					
序　号	配件编码	配件名称	数　量	单　位	调拨单价	金　额
1						
2						
3						
4						
合计金额：						
申请人		配件主管		服务经理		
日　期		日　期		日　期		
调出单位意见：				配件主管： 日　期：		
售后服务部审批：				签　名： 日　期：		

填写说明：

1. 本单是由经营单位在集团公司内部调拨配件时填写的配件内部调拨审批单据。

2. 本单必须填写清楚调入、调出单位名称，同时写清楚需要本配件的维修车辆工单号、车牌号码、车型、车架号。

3. 本单必须有本单位财务主管签名。

4. 调出单位意见由调出方配件主管查询库存情况后填写是否同意调拨并签字确认。

5）仓库处理集团内部调拨备件，必须录入售后服务系统，调出单位按出库录入，调入单位按入库录入。必须在办理调拨出库的 1 周内将出库单上交给财务会计，由会计与对方单位核对无误后办理开发票手续。

6）借入配件时，仓库必须及时以借用入库方式录入系统，归还该配件时以借用退库方式在系统中做出库处理，打印的"退库单"必须于当日上缴本单位财务，并确保与借用入库时上缴的借件凭证对应。

7）借入、借出配件必须严格履行报批手续，规范装订、妥善保管凭证，设置备查账及时有效跟进督促归还，否则，由此造成的损失由备件主管、仓管员共同全额赔偿。

四、维修配件的盘点

1．盘点的定义、内容、目的

（1）盘点的定义　汽车配件的盘点指仓库定期对库存配件的数量进行核对，清点实际库存数，核对账目。

（2）盘点的内容　盘点的内容主要有配件数量、质量，储存期限，储存条件，库存安全状况，核对账务等，并应做好相应的盘点记录。

（3）盘点的目的　盘点的目的主要是：

1）及时掌握库存配件的变化情况，避免配件的短缺丢失或超储积压。

2）查明实际库存量与账目、标签卡上的数字是否相符合。

3）及时掌握库存的数量、品质，为采购计划的制订、管理及相关工作人员的考核提供充分依据。

4）及时发现配件存放位置与数目存在的潜在错误，以便进行更正。

5）及时发现在库配件是否到期限，是否存在变质、失效、破损和滞销等情况。

2．盘点作业步骤

盘点作业步骤如图 4-7 所示。

维修配件的
盘点内容及
步骤

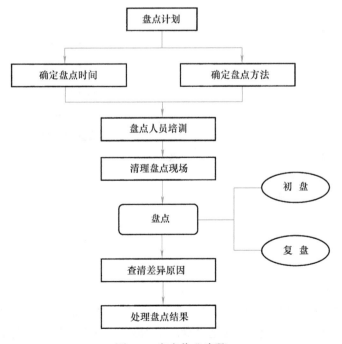

图 4-7　盘点作业步骤

3．盘点的方法

盘点的方法主要有动态盘点、定期盘点、重点盘点和循环盘点 4 种。其盘点方法操作规则见表4-8。

表4-8 各种盘点方法操作规则

序 号	方法名称	操作规程	优 点
1	动态盘点法	配件出库、入库时进行盘点，及时与对应的账目、标签卡记录核对	盘点工作量小，能及时掌握准确的库存量，及时发现错误
2	定期盘点法	定期（周、月、季、年末）全面清点所有存货	便于及时处理超储、呆滞存货
3	重点盘点法	对周转率高、易损耗、价值高的配件重点盘库	盘点工作量较小，可控制重点配件的动态，有效防止差错
4	循环盘点法	按入库的先后或所管物资的轻重缓急做出盘点计划，每天盘点一定类型的配件	节省工作量，全部盘点完一轮后开始下一轮

4. 盘点单

盘点单又称盘点卡，是定期或不定期地对仓库各个库位进行清点，并记录账面数量与实际清点数量差异的单据。盘点单的一般格式见表4-9。

表4-9 盘点单的一般格式

物料盘点单		No.	
品类代号		简称	
料 号			
品 名			
规 格			
计 量		应有预盘量	
预盘	日 期	盘点人	
	实盘量	盘盈（亏）量	
复盘	日 期	盘点人	
	实盘量	盘盈（亏）量	
存料状态	□良 品G □不良品B □呆 料D	备 注	

盘点单绝大多数设计为三联式，第一联放挂料架上（结算完成后再取消），第二联由复盘者撕下交予盘点主持人，第三联由预盘主办人撕下呈交盘点主持人，以明责任，兼作回馈信息。此为最佳顺序。

盘点单一般分为三部分：

第一部分是总字段，包括"盘点单No.""料号"与"品名规格"及"单位"加上"应有盘点量"单位。其中最需要注意的是"盘点单No."，一般是在盘点前就已印妥，而且顺序联号控制，由盘点主持人管控。因为基本上盘点一定要把散存于储位区的料品，一一回笼到同一储位（区），因此一个料项一张盘点单是合理的。

第二部分"预盘"有关字段，由预盘主办人填入"预盘实际量"以及"盘盈"或"盘亏"

量，加上预盘者的签名（含日期时间）。

第三部分则是"复盘"有关字段，由复盘者填入，包括"复盘实际量"及"盘盈"或"盘亏"量，同时签名。

5. 盘点结果处理

为了通过盘点使账面数与实物数保持一致，需要对盘点盈亏和报废品一并进行调整。除了数量上的盈亏，有些商品还将通过盘点进行价格的调整，这些差异的处理可以经主管审核后用更正表（表 4-10）进行更正。

表 4-10 货品盘点数量盈亏、价格增减更正表

货品编号	货品名称	单位	账面资料			盘点实存			数量盈亏		价格增减		差异因素	负责人	备注
			数量	单价	金额	数量	单价	金额	数量	金额	单价	金额			

回答下列问题

1. 仓库配件入库原则有哪些？请举例说明。

例如，按周转速度确定存放位置：机油滤清器、空气滤清器应放置在离车间比较近的位置。

1）_____

2）_____

3）_____

4）_____

5）_____

6）_____

2. 汽车售后服务企业配件入库时应做哪些验收工作？

_____

_____

_____

_____

3. 仓库盘点有什么意义？其主要内容有哪些？

_____

_____

_____

_____

🔧 **工作任务及工作页**

在汽车售后服务企业的配件库房（或实训模拟库房），模拟演练配件的入库、仓库管理、出库、盘点等工作流程，完成下面相应工作。

1. 现有一批空气滤清器和液压筒式减振器配件到货，请你完成入库，并制作物资标牌（表4-11）。

表4-11 物资标牌

物资标牌						
库		架		层		位
计算机编号						
物资名称						
规格型号						
图号材质						
计量单位				计划单价		
储备定额	最高				最低	
备注						

2. 目前库房1管理不够规范，库房内的货架未编号、零配件未进行归类存放，需要你对该仓库进行整理规范。请你将下面几种物资的规范整理措施记录下来。

活塞：_____

轮胎：_____

速度传感器：_____

蓄电池：_____

减振器：_____

动力转向液：_____

制动器蹄片：_____

3. 请你对整理后的库房配件进行盘点，盘点过程中填写下列盘点单（表4-12），并附上盘点结果处理报告（表4-13）。

表4-12 盘点单

物料盘点单			No.	
品类代号			简称	
料号				
品名				
规格				
计量			应有预盘量	
预盘	日期		盘点人	
	实盘量		盘盈（亏）量	

（续）

复盘	日期		盘点人	
	实盘量		盘盈（亏）量	
存料状态	□良品 G □不良品 B □呆料 D		备注	

表 4-13　货品盘点数量盈亏、价格增减更正表

货品 编号	货品 名称	单位	账面资料			盘点实存			数量盈亏		价格增减		差异 因素	负责人	备注
			数量	单价	金额	数量	单价	金额	数量	金额	单价	金额			

4. 从盘点结果可发现该企业库房哪些汽车配件存量不足，请将某一配件 2021 年的使用量记录在表 4-14 中。按照准时化采购管理，请计算出建议零配件订货量（SOQ）。

表 4-14　2021 年 12 个月配件使用量记录

月份	1	2	3	4	5	6	7	8	9	10	11	12
配件名												

$$SOQ = SSQ - O/H - O/O + B/O$$

计算：_____

5. 维修前台接到车主报修电话，车主反映车辆停车后无法再次起动，需要 4S 店现场救急。经维修技术询问得知车辆仪表盘无任何显示，初步判定为蓄电池损坏，需要携带一个新蓄电池前往现场。请你从仓库办理借用手续，并填写配件借用申请表（表 4-15）。

表 4-15　配件借用申请表

年　　月　　日

施工单号		车型		车牌号	
车主		联系电话		用件地点	
配件借用原因：					
序　　号	配件编码	配件名称	单　　位	数　　量	成 本 价	备　　注
1						
2						
3						
4						

（续）

车间主管意见：			
			日期：
售后服务经理审批：			
			日期：
借出时间	借出状态	归还时间	归还状态
库管员	库管员	库管员	库管员
借件人	借件人	借件人	借件人

项目四　学生学习目标检查表

你是否在教师的帮助下成功地完成单元学习目标所设计的学习活动	
	肯定回答
专业能力	
认识准时化采购（JIT）的理念及意义	
知道准时化采购的原理和特点	
能够计算维修配件的采购量	
知道配件仓储管理的工作流程	
知道配件仓储管理知识	
知道配件入库、仓储、出库、盘点管理内容	
运用维修配件仓储管理流程	
关键能力	
你是否根据已有的学习步骤、标准完成资料的收集、分析、组织	
你是否有效和正确地进行交流	
你是否按计划有组织地活动，是否沿着学习目标努力	
你是否尽量利用学习资源完成学习目标	
完成情况	
所有上述表格必须是肯定回答。如果不是，应咨询教师是否需要增加学习活动，以达到要求的技能。	

教师签字：_____

学生签字：_____

完成时间和日期：_____

汽车保修与保险业务管理

项目学习目标

1. 职业目标

通过本项目的学习，认识汽车售后服务企业保修与保险业务管理的相关知识，获得按照业务标准流程进行汽车售后服务的能力。其具体表现为：

1）能够进行汽车保修业务流程管理。

2）能够进行机动车保险业务流程管理。

2. 职业素养

1）能够遵守汽车诚信保修与诚信理赔的职业规范。

2）具备"守法、和谐"的社会主义公民道德意识。

项目学习资源

有关汽车售后服务流程管理的资料，可查询文字或电子文档：

1）各品牌汽车厂商的网页。

2）汽车售后服务企业的保修、保险业务系统软件平台。

3）各品牌汽车厂商制定的保修条例、规定。

4）汽车保险理赔相关书籍。

可提供学习的环境和使用的设备

1）安全的工作环境和工作场所。

2）维修接待、保修员、保险理赔员前台工作环境或模拟环境。

3）故障车辆或模拟故障车辆及配件。

4）接待保修车辆、进行保修流程处理和结算的必要技术文件。

5）接待保险理赔车辆、进行保险理赔流程处理和结算的必要技术文件。

6）库房及货架。

任务一　实施汽车保修业务流程管理

任务学习目标

本任务可以帮助你认识汽车保修政策，正确地实施汽车保修业务流程。

1）认识汽车保修政策。

2）正确实施汽车保修业务流程。

 学习信息

思政导学

汽车三包促公平、护权益，为良好营商环境助力

2021年中央电视台3·15晚会曝光了英菲尼迪变速器故障频发的事件。

英菲尼迪车500人的车友群中，有200多人的车辆出现各种问题，特别是变速器问题。而更让广大车主无法接受的是，英菲尼迪为其品牌的车辆只提供了4年或10万km的质保期，一旦超过质保期，需要车主自己承担高额的维修费用。

从这个事件中可见，4S店理赔人员有章不遵，致使维修汽车保修业务流程管理违背了《中华人民共和国消费者权益保护法实施条例》，不符合《家用汽车产品修理、更换、退货责任规定》，给消费者带来身心伤害和经济损失。

作为汽车售后服务企业管理人员应该具有良好的职业道德，严格执行汽车保修职业规范，保护广大车主的合法权益，才能使车主们产生对品牌的认同感。

汽车售后服务企业涉及的维修业务分为三类：自费维修、保修和保险理赔维修。

保修工作是制造厂家对自己产品的一种负责任的态度，也是经销商售后服务管理中非常重要的一项工作。该工作处理的好坏直接影响到客户的满意度，最终会影响企业的效益。

据统计我国的汽车投诉中，涉及售后服务的投诉超过了90%，只有不到10%的车主是针对质量问题进行投诉的。因此，厂商的保修期长短及保修服务体系的质量在消费者的购车决策中占据越来越重要的地位了。

由此可以看出，对于售后服务企业来说，做好保修索赔工作不仅可以避免产品质量缺陷给客户带来的不便，而且出色的保修索赔工作也是树立品牌形象，为营销和售后服务赢得市场的重要手段。

一、汽车保修政策

1. 汽车保修的含义

保修指客户向经销商购买整车或配件的同时得到的一种服务。它是在无任何违反保修条款规定的情况下，产品因设计、制造、装配、材料质量原因造成的各类故障及性能不满足使用要求时，生产厂家无偿为客户提供的更换、修理、维护等技术服务工作。

保修是由汽车制造厂承担相关费用、特约销售服务站完成作业的。汽车售后服务企业涉及的保修业务主要包括售后保修和售前保修。其中，售后保修包括整车保修、配件保修、首次免费维护等业务。售后保修是汽车售后服务企业的主要保修业务，无特别说明时，保修业务指的就是售后保修。

2. 汽车保修的前提条件

汽车保修的前提条件如下：

1）日期和里程数必须是在规定的保修期内。

2）客户必须遵守"保修维护手册"的规定，正确驾驶、维护、存放车辆。

3）所有保修服务工作必须由汽车制造厂设在各地的特约销售服务站实施。

4）必须是由特约销售服务站出并安装或原车装在车辆上的配件，才能申请保修。

5）未擅自更改车辆设计的车辆。

3．汽车保修期限

（1）整车保修期限　不同汽车公司规定的保修期限是不一样的，一般都在新车销售时向客户进行了保修期限的说明。例如，某汽车的保修期限是两年或60000km。

1）整车保修期从车辆开具购车发票之日起的24个月内，或车辆行驶累计里程60000km内，两条件以先达到的为准。超出以上两范围之一者，该车就超出保修期。

2）整车保修期内，特殊零部件依照特殊零部件保修期的规定执行。

（2）配件保修期限　在特约销售服务站更换的某些配件享受保修期限。

1）在整车保修索赔期内，由特约销售服务站免费更换安装的配件，其保修索赔期为整车保修索赔期的剩余部分，即随整车保修索赔期结束而结束。

2）由客户付费并由特约销售服务站更换和安装的配件，从车辆修竣、客户验收合格日和千米数算起，其保修索赔期为12个月或20000km（两条件以先达到为准）。在此期间，因为保修而免费更换的同一配件的保修索赔期为其付费配件保修索赔期的剩余部分，即随付费配件的保修索赔期结束而结束。

（3）首次免费维护期限　首次免费维护期是从车辆开具购车发票之日起的规定时间或规定里程内，必须到服务店进行免费的首次维护。例如，奇瑞汽车公司规定首次免费维护从客户购置车辆在使用5000km/6个月时，按照使用说明书的规定进行首次维护。

在实际工作中，不同品牌或同一品牌不同系列型号的整车、不同的类型零部件，保修期限起止时间的计算方法大致相同，但是保修时期或里程可能会有所调整，具体应参照相应的保修手册。

以比亚迪F3车型为例：整车保修期为24个月或60000km；配件保修期限易损件（如刮水器、制动摩擦片、火花塞等）为3个月或5000km，天线、蓄电池、喇叭等为6个月或10000km，气缸垫、进排气管垫、发动机罩总成等可享受12个月或60000km内的保修服务；首保期限为3个月内或累计行驶里程（3000±500）km。又如北京现代汽车：乘用车保修期为自购车之日起24个月或60000km，以先到者为准。动力总成保修：各车型发动机、变速器总成（不含附件），不含营运车，保修期为5年或100000km，以先到达为准。制动盘、制动片、轮胎、刮水片、灯泡、喷漆嘴、火花塞等消耗品保修期为3个月或5000km，以先到达为准。

4．4S店可向厂家申请汽车保修费用的范围

1）在保修索赔期内，车辆正常使用情况下整车或配件发生质量故障，修复这些故障所花费的材料费、工时费属于可申请保修费用的范围。

2）在保修索赔期内，车辆发生故障无法行驶，需要特约销售服务站外出抢修，特约销售服务站在抢修中的交通、住宿等费用属于可申请保修费用的范围。

3）汽车制造厂为每一辆车提供在汽车特约销售服务站进行有限次数的免费维护，免费维护的费用属于可申请保修费用的范围。

5．汽车非保修范围

1）在经销商处购买汽车时，每一辆汽车都随车配有一本保修维护手册。该保修维护手册须盖有售出该车的特许经销商的印章，以及购车客户签名后才会生效。不具有该保修维护手册，保修维护手册上印章不全或发现擅自涂改保修维护手册情况的，汽车特约销售服务站有权拒绝客户的保修申请。

2）车辆正常例行维护和车辆正常使用中的损耗件不属于保修范围，如润滑油和各类滤清器、火花塞、制动片、离合器片、清洁剂和上光剂、灯泡、轮胎、刮水器等。

3）因不正常维护造成的车辆故障不属于保修范围。客户应该根据"保修维护手册"规定的维护规范，按时到特约销售服务站对车辆进行维护。如果车辆因为缺少维护或未按规定的维护项目进行维护而造成的车辆故障，不属于保修范围。

4）车辆不是在汽车制造厂授权服务站维修，或者车辆安装了未经汽车制造厂售后服务部门许可的配件不属于保修索赔范围。

5）客户私自拆卸、更换里程表，或更改里程表读数的车辆（不包括汽车特约销售服务站对车辆故障诊断维修的正常操作）不属于保修索赔范围。

6）因为环境、自然灾害、意外事件造成的车辆故障不属于保修索赔范围，如酸雨、树胶、沥青、地震、冰雹、水灾、火灾、车祸等。

7）因为客户使用不当，滥用车辆（如用做赛车）或未经汽车制造厂售后服务部门许可改装车辆而引起的车辆故障不属于保修索赔范围。

8）间接损失不属于保修索赔范围。因车辆故障引起的经济、时间损失（如租赁其他车辆或在外过夜等）不属于保修索赔范围。

9）由于特约销售服务站操作不当，造成的损坏不在保修索赔范围。

10）在保修期内，客户车辆出现故障后未经汽车制造厂（或特约销售服务站）同意继续使用而造成进一步损坏的，汽车制造厂只对原有故障损失（须证实属产品质量问题）负责，其余损失责任由客户承担。

11）车辆发生严重事故时，客户应保护现场并保管好损坏配件，但不能自行拆卸配件。如未保护现场或因丢失损坏配件以致无法判明事故原因的，制造厂不承担保修费用。

6．其他保修索赔事宜

（1）售前的保修索赔　通过汽车制造厂检验的车辆，还要经过第三方物流、特许经销商、最终客户的接车检查，在这之间可能会检查出一些厂方检验遗漏的质量问题，这些质量缺陷的保修属于售前索赔。

1）在售前的交接检验中，如果发现新车存在制造质量问题，应记录在"新车交接单"上，经交接双方签字确认。其中发生的维修费用，由经销商提交售前保修索赔申请，经汽车制造厂索赔管理部审定同意后可以保修。

2）若检验中发现新车存在非制造质量问题，如人为损坏、碰撞、异物污染、酸碱侵蚀、附件遗失等，如果属于物流商责任，由经销商负责修复，维修费用由物流商当场支付，维修费用按索赔标准结算。交接双方如存在分歧，由当地区域销售经理和区域服务经理现场核定。如区域销售经理和区域服务经理无法及时到达现场，在"新车交接单"上记录下问题（必要时拍摄照片）并双方签字确认，事后由经销商提交给索赔管理部审定。

3）检验中，发现新车存有不明原因的问题时，在"新车交接单"上记录下问题（必要时拍摄照片）并经双方签字确认，事后由经销商提交给索赔管理部审定。

（2）保修索赔期满后出现的问题 对于超过保修索赔期的车辆，原则上不予保修索赔。如果确实是耐用件存在质量问题，则由汽车制造厂技术服务代表和汽车特约销售服务站共同对故障原因进行鉴定，在征求汽车制造厂索赔管理部同意后可以按保修处理。

（3）更换仪表的保修业务 需要特别说明的是，因仪表有质量问题而更换仪表总成的，汽车特约销售服务站应在客户"保修维护手册"上注明旧仪表上的里程数及更换日期。

二、汽车保修业务的工作流程

不同的汽车售后服务企业，保修政策及保修的工作流程会有所不同，但总体的工作流程差异并不大，具体如图 5-1 所示。

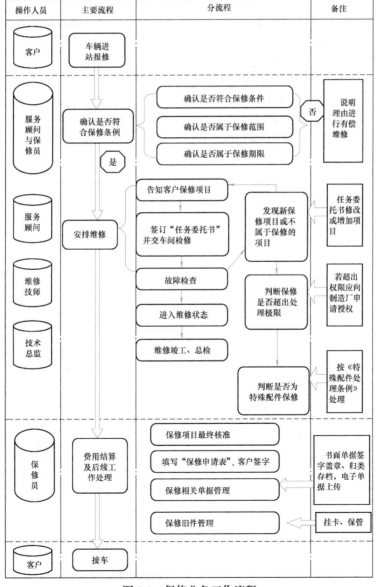

图 5-1 保修业务工作流程

1. 客户至特约销售服务站报修

客户在车辆使用过程中遇到故障或问题时，应及时向特约销售服务站致电，由企业根据客户的反映做出初步判断，并给出合理的建议。如果客户不能自行处置，则需将车辆送交特约销售服务站。

2. 接待客户、登记、并进行鉴定

1）服务顾问接待客户、登记。服务顾问完成"七步法"工作流程中的第一步接待流程，并且要填好相应的"接车修理单"(表 5-1 为丰田 4S 服务站的"接车维修单")。

表 5-1　接车维修单

客户签名						
维修单编号		厂内编号				
驾驶人姓名		单位			特约店名称、地址、电话	
驾驶人地址						
驾驶人电话		证件号				
车型号		车牌号码		维修类型	□	一般维护
VIN		里程数			□	钣金喷漆
发动机号		维修日			□	定期维护
序号	修理项目和配件名称	操作类别	配件号	数量	配件金额	工时费
1						
2						
3						
4						
5						
6						
7						
备注				合计金额		
				预算费用		
				工时费合计		
				配件费合计		
				其他合计		
技术备注				总计		
				接待		诊断
				一般		钣金
				喷漆		完检

2）服务顾问与保修员共同鉴定车辆是否属于保修范围。服务顾问、保修员与客户共同检查车辆。根据客户报修情况、车辆状况、车辆维护记录及相应的保修条例，服务顾问与保修员（必要时可请维修工程师参与）确认车辆故障点及原因；审核客户的报修内容是否符合保修索赔条件，并做出处理结果。审核内容主要包括以下3方面：

① 保修条件确认：确认是否符合保修条例中的保修条件。

② 保修范围确认：符合保修条件时，确认整车及其原始零部件或客户自费购买的零部件是否属于保修范围。

③ 保修期限确认：符合保修条件、保修范围时，服务顾问会同保修员一起进一步确认客户车辆或零部件是否在保修期范围内。

经审核，如果客户车辆符合保修条例，则按照保修政策安排维修；如果不符合，应跟客户解释清楚原因，并请客户自行付费修理。保修员在确认客户车辆符合保修索赔条件后，根据情况登记车辆相关数据，为客户分类提交保修申请。

当保修业务超出了服务站的授权范围时，服务站工作人员应向汽车制造厂申请授权，经制造厂批准后及时为客户提供保修服务。不同品牌的汽车企业，服务站的授权标准有所不同。表5-2列出了北京现代汽车有限公司规定需要申请授权的部分保修索赔项目。

表5-2 北京现代汽车有限公司授权申请表

服务店名称：			服务店代码：		
联系人：		电话：	传真：		维修日期：
索赔编号：			维修单号：		
销售日期：			VIN：		
车型：		车型用途：		里程：	
操作代码：			现象代码：（N）		
故障零件代码：			原因代码：（C）		
故障现象描述：					
			更换零件代码	数量	价格
维修预案：					
PWA 类型代码：			预计配件金额：		
			预计工时金额：		
			预计外出金额：		
			预计维修总金额：		
北京现代确认的 PWA 编号：					
索赔员签章		服务经理签章	北京现代确认意见		北京现代服务部部长签字
日期：		日期：	日期：		日期：

PWA 类型代码表：

PWA 类型	描述
1	更换总成部件
2	
3	
5	
9	
B	

北京现代汽车有限公司规定的需要申请授权的部分保修索赔项目：

1）修理费超过2000元/台次（含2000元）的保修索赔。

2）需要更换发动机总成、发动机缸体、变速器总成、车载计算机、转向机总成等部件时。

3）喷漆费用超过1000元/台次（含1000元）的保修索赔。

4）"标准工时手册"中没有操作代码的维修，实际维修时间超过0.9h的保修索赔。

3．安排维修

1）保修项目告知。确认符合保修条件后，服务顾问应告知客户具体保修的维修项目。

2）签订"任务委托书"交付检修。服务顾问与客户签订"任务委托书"后将车辆交付车间检修。

3）车辆检修。车辆检修过程与售后服务"七步法"工作流程的相应工作内容基本相同。

当车辆进入维修工位后，由维修技师检查故障现象、分析故障原因；拆解、更换零部件；进行维修作业。维修技师在维修过程中，对照保修件鉴定标准，如发现零部件的故障不符合保修条例，零部件功能未失效、仍可继续使用，发现新的保修项目时，应及时转达服务顾问。由服务顾问告知客户，经客户同意后修正"任务委托书"或在"任务委托书"中追加新的维修项目。

维修竣工后经总检员总检、试车后，即可通知保修员办理保修手续。

当保修业务超出售后服务企业的核定标准时，应由保修员填报"保修鉴定报告"，经制造厂审核批准后才能进行保修处理。

对部分特殊零部件，应按照特殊零部件保修处理办法进行处理。

4．费用结算

1）保修最终核准。车辆检修结束后，服务顾问陪同客户至保修员处确认。保修员再次核查"任务委托书"与"使用说明书"及其他相关原始档案、信息的符合性和真实性，符合的给予办理保修结算，不符合的由服务顾问陪同客户至结算员处付款。

2）填写保修单据。不得向用户收取保修涉及的零部件材料费、工时费、备件管理费，而只需按照"保修申请表"填写说明及时填写保修申请表卡，并请客户签字确认即可。保修员应注意：①费用结算时，应仔细审查保修单据上需要客户签字的地方；②保修旧件不交给客户，应保存在专门的旧件管理室；③按时将电子保修单据上传至售后服务专用系统。

5．客户接车

将上述费用结算流程办理完成之后，服务顾问可根据汽车售后服务的交车流程向客户交车。

6．保修员的后续工作

（1）保修旧件的管理　保修旧件的管理应注意：

1）维修工程师分析更换下来的零部件，填写零部件故障报告。

2）填写、悬挂"保修配件标签"，更换下来的保修旧件应清理干净，并挂上"保修配件标签"。"保修配件标签"应按规定如实填写好，并保证字迹清晰、不易褪色、悬挂或粘

贴牢固。"保修配件标签"由汽车制造厂索赔管理部统一印制，特约销售服务站可以向索赔
管理部申领。图 5-2 所示为丰田汽车公司的"保修配件标签"。

◯	日期：

保修零部件签条

保修申请单编号：

车型 / 车型代号：
车架号：
发动机号：
零部件号：
行驶里程：   km
销售日期：
特约店名：
注意：请填写所有项目并把本签条牢固地系在零部件上。

❖ 请勿拆解此零部件或拆卸此零部件上的任何附件，请保持拆下时的状态以供进一步分析。

图 5-2 丰田汽车公司的"保修配件标签"

3）保修旧件挂签前的注意事项：在拴卡前，保修员应将有油质（如前、后轮毂轴承）
的保修件上的油质擦除干净；对于一些必须保持故障原始状态的保修件，不能将保修件进行
不必要的拆卸，必须确保其原始状态。将"保修授权申请表""外出救援服务情况表"（表 5-3）
（如果有外出服务）的复印件折叠成"保修配件标签"大小，然后粘贴在对应的"保修配件
标签"后。对于备件保修，将备件发票与结算单的复印件粘贴在对应的"保修配件标签"后，
然后进行拴卡。

表 5-3 外出救援服务情况表

				维修档案号：	
服务商代码		服务商名称			
故障发生地		接到求援时间			
客户姓名		客户求援方式		客户联系电话	
故障车辆信息	VIN			发动机号码	
	购车时间		车牌号码	行驶里程	
客户 反映 情况				出发时间：	
				售后片区负责人签名：	
					年　月　日

（续）

外出任务					
检查情况					
处理情况					
客户意见				客户签名：	
				年 月 日	
外出人数		外出天数		外出人员签名：	
				年 月 日	
通行费 （或车船费）		公示补助费		车辆补助费 （或外出差旅费）	
总金额			丰田汽车公司审核结果		
站长 审核 意见			审核结果：		
			审核意见：		
			审核结算费用：		
			审核人员：		
	（盖章）		审核日期：		

4）挂签方法，保修员将"保修配件标签"装入透明的、前端打孔的、可以挤压封口的、长乘宽规格为保修标签大小的塑料袋中并封口；用橡皮筋或塑料扎带将塑料袋拴挂在保修件上，并确保不脱卡。

对于蓄电池、消声器等大型件采用较大的透明塑料袋，将"保修配件标签"装入后，将有字迹的正面向外，然后用宽式的透明胶带粘贴在保修件上。

将挂签后的保修旧件送入专门的旧件仓库统一保管，以备定期寄回制造厂。

5）保管旧件的注意事项。服务站须有单独的保修件存放库房，库房内可根据保修业务量大小放置数台货架，以便保修件分类保管。

货架的摆放要求：最下方可放置铁器件，如减振器、转向器等；中间部分可放置小体积较重件，如发电机、起动机等；上部可存放电子元件、车身装饰件、灯具等；其他不规则件如发动机总成、变速器总成、保险杠、排气管、座椅等需要单独放置；应特别注意蓄电池等具有不安全因素的保修件的存放。

6）保修旧件登记。及时将保修旧件的相关信息登记在保修旧件明细表（表5-4）上。

（2）保修单据的管理　保修单据的管理应注意：

1）保修员应将当天的保修申请进行统计，并填写"保修申请表"。表5-5为北京现代汽车的保修申请单。

2）保修员应每月一次在规定时间内将当月的"保修申请表"按照申请单号顺序整理归

档，以便按时向汽车制造厂保修管理部提交。

表 5-4　保修旧件明细表

保修旧件明细表								
序　号	配件编号	配件名称	数　量	申请单号	缺　陷	登记日期	经办人	备　注

表 5-5　北京现代汽车的保修申请单

拓印 VIN		北京现代保修申请单			
特约店代码	索赔单号	维修单编号	工作前许可编号（PWA）	代修类型	车辆类型及用途

车辆识别码	里程数	销售日期			维修开始日期			维修结束日期		
		年	月	日	年	月	日	年	月	日

故障零件代码	症状代码	原因代码	服务经理	维修员工

服务零件信息	以前修理时间交付日期			以前的里程表数	以前的维修单号	状况描述
	年	月	日			

替换零件编号					工时操作				提交金额
零件编号	零件名称	数量	价格	总计	操作代码	数量	小时	总计	零件：
					主要				
					相关				工时：
					相关				
					相关				代修：
					相关				
					相关				总计：
					经销商签名/日期				

3）保修员必须在涉及保修的"任务委托书"上签字，并将"任务委托书""结算单"附在一起，在涉及保修的"结算单"相应保修项上必须注明保修申请单号，按"任务委托书"号、修理日期排序并按月份存档。

对涉及保修的"任务委托书""结算单"必须有客户签字才能生效。

4）计算机中的维修档案记录需妥善管理，计算机档案记录可供查询、追溯。

三、汽车保修费用申报

1. 汽车保修费用标准

服务站向制造厂申报的保修费用项目包括材料费用、工时费用、管理费用、保修件附

汽车保修
费用申报

加费（运费）和外出服务费用。

具体申报过程中，应根据制造厂拟定的相关费用标准（如首保费用标准、工时费用标准、保修备件管理费用标准、外出服务费用标准、保修件附加费标准）对应申报。

2. 保修费用申报流程

服务站及时为符合保修条件的客户提供保修业务后，还需要定期向汽车制造厂申报保修涉及的费用。一般来说，申报周期为每月1次，具体的申报时间节点在不同的企业有所不同。保修费用的申报流程如图5-3所示。

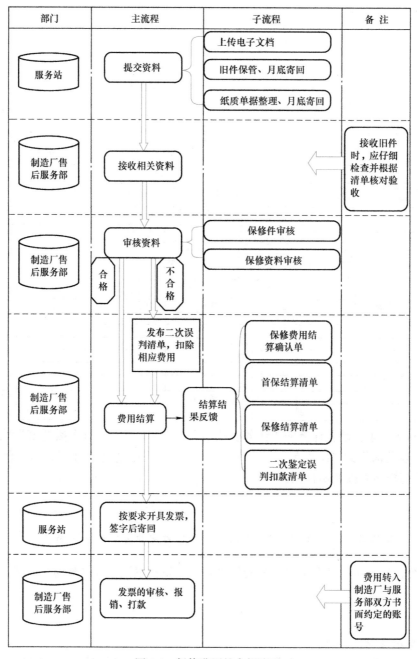

图5-3　保修费用的申报流程

（1）服务站提交申报资料　服务站必须按照厂商的要求及时提交申报资料。

1）电子文档的及时上传。对于在保修业务中涉及的"保修申请单""任务委托书"等电子文档，工作人员在线如实填写后，通过专门的保修系统及时上传，如图 5-4 所示。

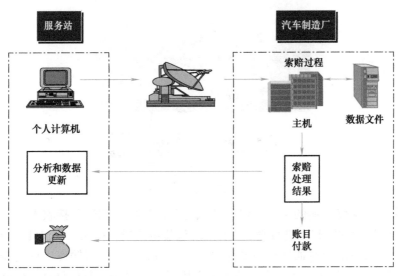

图 5-4　电子文档上传

2）保修件返回。服务站每月 1 次按规定时间把保修旧件按规定包装（根据相应的保修旧件处理规定），由第三方物流负责运回汽车制造厂指定的地址。同时，要求运输商按规定在运输单据上填写地址、单位、邮编和电话，发运后务必在售后服务专用系统中将发运件的相关信息（包装箱数等信息）进行登记，以便于制造厂在接收时进行确认。

发运费用可由服务站先垫付或到货后由制造厂支付。若由服务站垫付，则运费以保修附加费用的方式由制造厂给予补助。

旧件包装要求：服务站应将保修件分类后用备件专用纸箱进行分类包装，并确保包装稳妥牢靠。对于消声器、三元催化转化器等大型铁器件可不必进行包装；发动机、缸体、变速器、缸盖、蓄电池要用备件原包装箱单独包装；对于单价较高、体积较小、重量较轻的保修件最好放置在同一个包装箱内；电控单元、收放机、CD 机等贵重的电器件要采用原备件小包装箱进行包装后再分类装入发运的纸箱进行包装。保修旧件包装如图 5-5 所示。每个包装箱内必须有本包装箱内保修件的装箱清单（清单包括申请单号、配件名称、配件号、厂家代码、数量），以便进行核对。

图 5-5　保修旧件包装

在封箱口粘贴盖服务站站章的封条后，用胶带封紧密封，防止二次包装，并标记箱号。包装箱封箱口处理如图 5-6 所示。

3）纸质保修单据寄回。保修员按规定地址，在保修旧件返回后将当月纸质单据（包括"保修登记卡""首次免费维护卡""外出服务登记表"及票据）按要求装订后用快递寄回，且"保修登记卡""首次免费维护卡""外出服务登记表"及票据每月单独用一个快递寄回，寄出后在售后服务专用系统中将函件相关信息进行登记，以便汽车制造厂接收时进行核对。

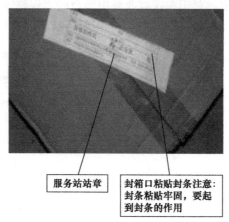

服务站站章

封箱口粘贴封条注意：
封条粘贴牢固，要起
到封条的作用

图5-6 包装箱封箱口处理

（2）保修件及保修资料的接收 保修件抵达制造厂后，制造厂接收人员将对保修件包装箱的件数、包装箱的完整性进行确认（若出现包装箱破损、存在二次包装或包装箱缺失的异常情况，接收人员应及时通知服务站保修人员，与其一起与运输商进行交涉尽可能减少损失）。保修员应及时关注制造厂在售后服务专用系统中是否回复保修件、保修资料接收的信息。

（3）申报资料的验收 申报资料的验收必须符合厂商的要求：

1）保修件的验收。收到保修件后，制造厂的保修审核人员将对保修件进行验收，确认保修件是否符合"保修条例""保修件鉴定标准手册""保修件鉴定标准""保修件不认可标准"，保修件存在问题的索赔申请将被返回或取消。

保修员应关注制造厂在售后服务专用系统中的验收情况，若对验收的结果有疑问，应在规定期限内（如奇瑞公司为3日）与制造厂工作人员沟通。

2）保修单据审核。保修件验收后，制造厂审核人员以企业的"保修条例"及"保修单据不认可标准"等为标准，对保修单据进行审核；同时，与售后专用系统中上传的电子资料进行核对，做出审核标志及审核说明。服务站保修员应及时确认审核结果，对不合格单据应根据审核说明认真分析不合格原因。

（4）保修费用结算 保修件验收及保修单据审核后，制造厂将对服务站当月的所有首保、保修、外出救援等费用进行结算，并将结算的结果公示在售后服务专用系统，具体内容包括"保修业务通知单"及其附件（"首次维护结算清单""保修结算清单""外出服务结算清单""误判扣款结算清单"）。

服务站若对结算结果有疑义，保修员应在规定时间内（如奇瑞公司为两日）及时与制造厂保修结算负责人联系。

（5）开具发票 服务站对结算结果确认无误后，保修员将结算单据打印后，再次核对打印出的"保修费用结算确认单"与"保修单据结算明细"的金额是否一致，确认无误后递交站长、总经理在单据的指定位置签章，财务人员按要求及"保修费用结算确认单"上的说明开具增值税发票并将发票及时寄至制造厂指定地址。

（6）报销入账 制造厂收到增值税发票及"保修费用结算确认单"与"保修单据结算明

细"后，审核发票的开具是否合格、附件是否齐全（不合格的发票将被退回重新开具）。若发票全部合格将及时进行报销入账。服务站的保修员或财务人员定期与制造厂财务人员对账。

回答下列问题

1. 下面选项说法不正确的是（　　）。
   - A. 关于汽车整车保修期限，不同汽车公司的保修期限都是一样的
   - B. 整车保修期内，特殊零部件依照特殊零部件保修期的规定执行
   - C. 在整车保修索赔期内，由特约销售服务站免费更换安装的配件，其保修索赔期为整车保修索赔期的剩余部分，即随整车保修索赔期结束而结束
   - D. 首次免费维护是从车辆开具购车发票之日起的规定时间或规定里程内，必须到服务店进行免费的首次走合维护

2. 下面选项说法不正确的是（　　）。
   - A. 车辆正常例行维护和车辆正常使用中的损耗件不属于保修范围，如润滑油、各类滤清器、火花塞、制动片等
   - B. 车辆因为缺少维护或未按规定的维护项目进行维护而造成的车辆故障属于保修范围
   - C. 车辆安装了未经汽车制造厂售后服务部门许可的配件不属于保修索赔范围
   - D. 客户私自拆卸更换里程表或更改里程表读数的车辆（不包括汽车特约销售服务站对车辆故障诊断维修的正常操作）不属于保修索赔范围

3. 【案例分析】车主李某2021年6月在海南某4S店购买一辆长城哈弗汽车，当时厂家承诺汽车在行驶60000km或两年内保修，但汽车行驶到25000km时出现质量问题（车内阅读灯不亮和车辆车速达到110km/h时转向盘发抖），车主2022年1月23日把车开到长城4S维修店检查要求厂家保修，厂家却拒绝给车保修。接待员说："按照长城厂家规定，长城汽车行驶1000～1500km、3000～5000km、8000～10000km时，要到长城汽车授权服务中心进行维护，否则将被视为自动放弃保修权"。

请问李某的保修要求是否合理？请说明理由。

_____

_____

_____

_____

_____

任务二　实施机动车保险业务流程管理

任务学习目标

本任务可以帮助你认识机动车保险知识，正确地掌握机动车保险业务流程管理。

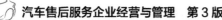

　　1）认识机动车保险的含义及分类。

　　2）掌握机动车承保工作流程。

　　3）掌握机动车理赔工作流程。

学习信息

思政导学

车险综合改革重塑汽车售后企业诚信形象

　　一直以来，车险都是财产保险公司的主要险种，而且车险涉及千家万户的安全出行。

　　我国机动车保险市场长期存在高定价、高手续费、数据失真等问题。为此，中国银保监会坚持新发展理念，按照人民导向、市场导向、发展导向、渐进实施车险综合改革，把2020年定为车险监管年，采取交强险与商业改革相结合，条款与汇率改革相结合，保障与服务改革相结合，市场和监管相结合的"三结合"改革方式，综合施策，协同推进。

　　此次车险综合改革将商车险产品设定附加费用率上限由35%下调为25%，预期赔付率由65%提高到75%，对于消费者做到"三个基本"，即"价格基本上只降不升，保障基本上只增不减，服务基本上只优不差"。为此，汽车售后服务保险人员应该正确引导人们诚信投保、诚信理赔，激发市场活力，规范市场秩序，提升服务质量，有效强化监管，促进车险高质量发展，更好地满足人民美好生活的需求。

　　机动车保险是一种预防和控制自然灾害和意外事故有效的经济补偿措施。它包括承保和理赔两个过程。

一、机动车保险概述

1．机动车保险的含义

机动车保险的含义

《中华人民共和国保险法》（以下简称《保险法》）所称保险是指投保人根据合同约定，向保险人支付保险费，保险人对于合同约定的可能发生的事故因其发生所造成的财产损失承担赔偿保险金责任，或者当被保险人死亡、伤残、疾病或者达到合同约定的年龄、期限等条件时承担给付保险金责任的商业保险行为。

　　机动车保险是保险中最为重要的保险种类，是运输工具保险的一种。它承保业务、商用和民用的各种机动车因遭受自然灾害或意外事故造成的车辆本身以及相关利益损失和采取措施所支付的合理费用，以及被保险人对第三者人身伤害、财产损失依法应负有的民事赔偿责任。以下如无特别说明，均将机动车保险简称为保险。

2．机动车保险种类

机动车保险的种类

机动车保险按性质可以分为强制保险与商业车险。

　　（1）强制保险　强制保险全称为机动车交通事故责任强制保险（简称交强险），是国家规定强制购买的保险。它是指被保险机动车在保险期间发生交通事故，保险公司对保险事故中本车人员、被保险人以外的受害人的人身伤亡和财产损失在责任限额内予以的赔偿的保险。机动车必须购买交强险才能上路行驶、年检、上户。

（2）商业车险　商业车险是非强制购买的保险，车主可以根据实际情况选择。商业车险种类根据保障的责任范围可以分为主险和附加险。

1）主险。主险类别：机动车第三者责任保险、机动车损失保险、机动车车上人员责任保险共3个独立的险种。投保人可以选择投保其中部分险种，也可以选择投保全部险种。保险人依照保险合同的约定，按照承保险种分别承担保险责任。

① 机动车第三者责任保险。保险期间内，被保险人或其允许的驾驶人在使用被保险机动车过程中发生意外事故，致使第三者遭受人身伤亡或财产直接损毁，依法应当对第三者承担的损害赔偿责任，且不属于免除保险人责任的范围，保险人依照保险合同的约定，对于超过机动车交通事故责任强制保险各分项赔偿限额的部分负责赔偿。

② 机动车损失保险。保险期间内，被保险人或被保险机动车驾驶人在使用被保险机动车过程中，因自然灾害、意外事故造成被保险机动车直接损失，且不属于免除保险人责任的范围，保险人依照保险合同的约定负责赔偿。

保险期间内，被保险机动车被盗窃、抢劫、抢夺，经出险地县级以上公安刑侦部门立案证明，满60天未查明下落的全车损失，以及因被盗窃、抢劫、抢夺受到损坏造成的直接损失，且不属于免除保险人责任的范围，保险人依照保险合同的约定负责赔偿。

③ 机动车车上人员责任保险。保险期间内，被保险人或其允许的驾驶人在使用被保险机动车过程中发生意外事故，致使车上人员遭受人身伤亡，且不属于免除保险人责任的范围，依法应当对车上人员承担的损害赔偿责任，保险人依照保险合同的约定负责赔偿。

2）附加险。附加险条款的法律效力优于主险条款。附加险条款未尽事宜，以主险条款为准。除附加险条款另有约定外，主险中的责任免除、双方义务同样适用于附加险。主险保险责任终止的，其相应的附加险保险责任同时终止。

例如：车身划痕损失险、新增加设备损失险、修理期间费用补偿险、车轮单独损失险等附加险是机动车损失保险的附加险，必须先投保机动车损失保险后才能投保这几个附加险；车上货物责任险、法定节假日限额翻倍险是第三者责任险的附加险，是必须先投保机动车第三者责任险后才能投保的附加险。

二、承保工作流程

承保实质上是保险双方订立合同的过程。汽车售后服务企业的承保工作主要属于兼业代理承保。保险兼业代理人指受保险人委托，在从事自身业务的同时，为保险人代办保险业务的单位。其一般工作流程如图5-7所示。

图 5-7　承保工作流程

1．投保

1）汽车售后服务企业向投保人介绍保险条款，履行说明告知义务，依照《保险法》及监管部门的要求，严格按照条款告知投保人各投保险种的保障范围，特别要声明责任免除及被保险人义务等条款内容。

2）依据保险标的的性质、投保人的特点、要求制订保险方案。

3）计算保险费，并履行如实告知投保人的义务。

4）检验行驶证件与车辆。

5）提供"投保单"，投保人填具"投保单"（表5-6），其内容主要包括：

①投保人和被保险人的情况：姓名、地址。

②被保险车辆情况。

③投保险种及期限。

④特别约定。

⑤投保人签单。

6）检验保险标的的真实性。

7）将投保信息录入软件管理系统（系统自动生成投保单号），提交核保人员核保。

表 5-6　机动车投保单

投保情况	投保情况	□新保　□续保		上年投保公司	
	上年保单号			到期时间	
被保险人	被保险人			身份证号码	
	通信地址			邮政编码	
	联系人			联系电话	E-mail
投保车辆情况	车牌号码		境外号牌	号牌底色	
	厂牌型号		车辆种类	车架号	
	发动机号		排气量／L	车辆颜色	
	VIN		座位／吨位	初登日期	
	使用性质	□营业　□非营业	防盗装置	□电子防盗装置　□机械防盗装置　□无	
	所属性质	□机关　□企业　□个人	固定车位	□有　□无　　驾驶人数　□单人　□多人	
	形势区域	□省内　□国内　□出入港澳	安全装置	□安全气囊　□ABS　□无安全装置	
主驾驶人资料	姓名：　　性别：□男　□女　　婚姻情况：□已婚　□未婚　　初领驾证时间　　年　　月　　日				
	身份证号码：　　　　　　　　　　　　出生时间：				
	近3年肇事记录：□无　□1次　□2次　□3次及以上违章记录：□无　□1次　□2次　□3次及以上				
副驾驶人资料	姓名：　　性别：□男　□女　　婚姻情况：□已婚　□未婚　　初领驾证时间　　年　　月　　日				
	身份证号码：　　　　　　　　　　　　出生时间：				
	近3年肇事记录：□无　□1次　□2次　□3次及以上违章记录：□无　□1次　□2次　□3次及以上				
主险	机动车损失保险			机动车第三者责任保险	
	新车购置价　│　保险金额　│　费率　│　保险费小计			赔偿限额　│　保险费小计	
	驾驶人座位责任险			乘客座位责任险	
	赔偿限额　│　　　　保险费小计			赔偿限额：　万元／座　│　保险费：	

（续）

险　　别	保险金额（赔偿限额）	费率	保险费小计
车辆划痕损失险			
法定节日限额、翻倍险			
修理期间费用补偿险			
三者医保外医疗费用责任险			
驾驶人精神损失抚慰金责任险			
新增设备损失险			
车上货物责任险			
三者精神损失抚慰金责任险			

附加险（此内容位于表格左侧第一列，纵向合并跨越上述险别行）

保险期限：共　　个月　自　　年　　月　　日零时起至　　年　　月　　日二十四时止

特别约定：

2. 核保

核保指保险单位对于投保人的投保申请进行审核，决定是否接受承保的风险，并在接受承保风险的情况下，确定承保费率和免赔额等条件的过程。核保的具体步骤如下。

（1）审核投保单　审核投保单的项目包括：

1）投保人资格，主要通过核对行驶证来完成。

2）投保人或被保险人的基本情况，特别针对车队业务，通过了解企业性质、经营方式、运行路线等，分析投保人或被保险人对车辆的技术管理状况，可能及时发现潜在的风险，采取必要的措施降低或控制风险。

3）投保人或被保险人的信誉，核保的重要内容之一。

4）保险标的，尽可能采用"验车承保"的方式，即对车辆进行实际检验，包括了解车辆的使用、管理状况，复印行驶证、购置车辆的税费凭证，拓印发动机号与车架号等。

5）保险金额。

6）保险费审核。

7）附加条款。

（2）查验车辆　查验的主要内容包括：

1）查验车辆有无受损，是否有消防、防盗设备等。

2）查验车辆的实际牌照号码、车型及发动机号、车身颜色等是否与行驶证上一致。

3）查验车辆的操纵安全性与可靠性是否符合行车安全要求（重点检查转向、制动、灯光、喇叭等涉及安全性的因素）。

4）查验发动机、车身、底盘、电器等部分的技术状况。

根据查验结果确定车辆的新旧成数。一般对私有车辆要填具"验车单"，附于"保险单"副本上。

（3）核定保险费率　参照"机动车保险费率标准"，依据车辆的使用性质、种类确定保险费率。

（4）计算保险费

3．缮制和签发"保险单"

（1）缮制"保险单" 工作人员接到"投保单"及其附表后，根据核保人员签署意见进行缮制"保险单"工作。

1）将"投保单"上有关的内容录入到计算机软件系统的保险单对应栏目内，复核无误后打印"保险单"。

2）制单人在"保险单"相应的制单处签章，并将"保险单""投保单"及附表一并交复核处复核。

3）复核无误后，复核人员在"保险单"的复核处签章，并交收费人员收费。

4）收费人员向投保人收取保险费，在"保险单"的会计处和保险费收据的收款人处签章，加盖财务专用章。

（2）签发"保险单" 机动车保险实行一车一单和一车一证制。工作人员在投保人交费后，在"保险单"上注明公司名称、详细地址、邮编及联系电话，加盖公司专用章。根据"保险单"填写"汽车保险证"并加盖公司专用章。向投保人签发"机动车交通事故责任强制保险单（正本）"（表5-7）"保险费发票""保险证"。

表 5-7 机动车交通事故责任强制保险单（正本）

保险单号：

被保险人						
	被保险人身份证号码或组织机构代码					
地址				联系电话		
被保险机动车	号牌号码		机动车种类		使用性质	
	发动机号码		识别代码（车架号）			
	厂牌型号		核定载客	人	核定载质量	千克
	排　量		功　率		登记日期	
责任限额	死亡伤残赔偿限额	180000元		无责任死亡伤残赔偿限额		18000元
	医疗费用赔偿限额	18000元		无责任医疗费用赔偿限额		1800元
	财产损失赔偿限额	2000元		无责任财产损失赔偿限额		100元
与道路交通安全违法行为和道路交通事故相联系的浮动比率：						%
保险费合计（人民币大写）			（¥：	元）其中救助基金（	%）¥：	元
保险期限自　　　　　年　　月　　日零时起至　　　　　年　　月　　日二十四时止						
保险合同争议解决方式						

（续）

代收车船税	整备质量				纳税人识别号					
	当年应缴	￥		元	往年补缴	￥	元	滞纳金	￥	元
	合计（人民币大写）：							（￥：	元）	
	完税凭证号（减免税证明号）					开具税务机关				
特别约定										
重要提示	1. 收到本保险单后请即核对，填写内容如与投保事实不符，立即通知本保险人采用机动车辆保险批单更改，其他方式的更改无效。 2. 保险阅读所附保险条款，特别是有关责任免除和被保险人义务的部分。 3. 保险车辆转卖、转让、赠送他人、变更用途等，应书面通知本保险人并办理批改手续。 4. 发生保险事故后，在 48 小时内通知本保险人。									
保险人	公司名称： 公司地址： 邮政编码：　　　　　服务电话：　　　　　签单日期：　　　　　（保险人签章）									

核保：　　　　　　　　　制单：　　　　　　　　　经办：

三、理赔工作流程

机动车保险理赔指被保险车辆在发生保险责任范围内的事故后，保险人依据保险合同对被保险人提出的索赔请求进行处理的行为。机动车保险理赔涉及保险合同双方的权利与义务的实现，是保险经营中的一项重要内容。

机动车保险理赔流程如图 5-8 所示。

机动车保险理赔的具体流程包括：

1）服务接待人员负责接待客户，了解基本出险情况。

2）服务接待人员向客户收集理赔基本资料，并检查是否齐全、有效、清晰。

主要资料包括：交警证明（"交通事故处理书"）、保户"保险单（正本)"、本车行车证、案件驾驶人的驾驶证、被保人的身份证、计分卡。

3）服务接待人员与客户签订代办理赔协议书。所有协议都必须由车主本人签署（由车主开出授权书后可由第三方代签）。

4）服务接待人员了解基本情况后，上报理赔组进行跟进核价处理。

5）理赔员从保险公司出具"核价单"后（如有免赔的保单必须在"核价单"工单注明免赔额度），连同部分办理核价必须使用的理赔资料转交前台主管。主管审核无异议后签名确定（理赔员与前台主管双方必须办理理赔资料交接签收手续），通知前台下"工单"（在"工单"注明"核价单"上的免赔额度），车间进行维修。

6）车间维修时，如有追加项目必须及时联系跟进的前台接车员，由其通知跟进的理赔员进行重新核价、追加维修项目等。

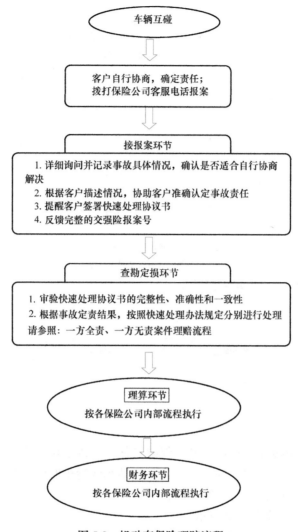

图 5-8　机动车保险理赔流程

7）车辆维修完毕，前台接车员联系客户取车（通知客户时必须提醒准备好必须由其负责提供的理赔资料），所有代办的理赔赔案必须在取车前签订代办理赔协议上交部门前台主管连同客户其他理赔资料转交结算员核实，否则结算员可以拒绝放车。

8）资料核对后，结算员办理收款或让客户在维修清单确认签名，然后办理放车手续。

9）所有维修完毕且进行结算后的理赔车辆，如有旧件回收的必须保管好，由理赔员负责办理保险公司理赔旧件回收确认手续。

10）在财务开出发票后一定期限内上交保险业务科，由该科负责与保险公司的交案、索取保管回执原件、收款等后续工作并交回执复印件给各财务保管。

？ 回答下列问题

在备选选项中，选出你认为正确的所有答案。

1. 下列属于理赔过程中最后的工作环节是（　　）。
   A. 核保　　　　B. 核赔　　　　C. 检验　　　　D. 理算

2. 汽车售后服务企业的保险营销模式属于（　　）。
   A. 直接业务模式　　　　　　B. 代理业务模式
   C. 经纪人业务模式　　　　　D. 直销业务模式

3. 下列保险险种可以有免赔规定的是（　　）。
   A. 机动车损失保险　　　　　B. 机动车第三者责任保险
   C. 交通事故责任强制保险　　　D. 机动车车上人员责任保险

4. 张先生于 2022 年初购买了一辆家庭自用轿车，为使张先生能尽快用车上路，最少要投保（　　）。
   A. 交强险　　　　　　　　　B. 机动车损失保险
   C. 机动车第三者责任保险　　　D. 机动车车上人员责任保险

🔧 工作任务及工作页

现场情境：2021 年 7 月 20 日，广州本田某 4S 店接到王先生的求援电话。他在旅行途中，车辆被大水浸泡不能起动，求助 4S 店派拖车运回维修。车主反映车辆购置了交强险、机动车第三者责任保险。

1. 在汽车售后服务大厅（或实训模拟服务大厅），按照保修业务工作流程（参见图 5-1）模拟演练汽车保修。你作为汽车维修服务顾问，请根据给定的工作情境完成下面工作。

第一步：向 4S 店申请外出救援服务。你应该在实施外出救援服务后填写外出救援服务情况表，具体表单见表 5-3。

第二步：车主到 4S 店报修。你应该完成接待、登记、鉴定工作。请你填写接车维修单，具体表单见表 5-1。

第三步：确定保修服务范围，并确认维修费用支付方。你应该与保修员审核报修内容是否符合索赔条件。审核结论为：

符合保修条件，车辆维修费用由汽车制造厂承担。□

不符合保修条件，车辆维修费用由车主自行承担。□

如符合保修条件的零配件，请按照保修费用申报流程（参见图 5-3）向汽车制造厂申请授权，你需要填写"保修申请单"（表 5-8），经制造厂批准后及时为客户提供保修服务。

表 5-8　车辆保修申请单

保修申请单	特约店名称　（盖章）		
申请单编号	主要故障项目代码		
客户名称	电话		
地　　址	邮政编码		联系人

131

(续)

车　型		车型代号		销售日期		行驶里程	
车架号				发动机号			
变速器编号				车牌号		上牌日期	
发生日期		来厂日期		修理日期		修理工单号	
客户抱怨内容							
故障现象							
主要故障部位				质量信息报告号码			
修理内容				简图说明			

修理项目	配件编号	故障码	单价	数量	总价	修理代号	工时

备注	申请日期		总配件费		总工时费	
	鉴定员 签名	经理签名	配件管理费		其他费用	
			配件邮寄费		总　计	

（以下为广州本田公司使用栏）

□特例同意				
□拒绝原因如下：	拒绝代号		日期：	
□退回信息不足			签名：	
			广州本田汽车有限公司 售后服务科	

2.在汽车售后服务大厅（或实训模拟服务大厅），按照保修业务工作流程（参见图5-1）模拟演练汽车保修。你作为汽车保修员，请根据给定的工作情境完成下面工作。

第一步：完成车辆维修工作。请你完成"维修质量信息报告"（表5-9）。

表 5-9 车辆维修质量信息报告

日期：		页数：			
		特约店编号：			
收件单位：		特约店名称		报告人	服务经理
车主名称：					
详细地址：					
联系人：	邮编：			传真：	
联系电话：				电话：	
故障概述：		车架号：			
		发动机号：			
		变速器编号：			

故障发生地点	故障时行驶状态	故障时行驶道路	变速器类型：MT □ AT □	重要度
			颜色代号：　　　生产日期：　年　月	

征兆（客户的抱怨）：	客户态度：	图示：
调查分析：		

主要原因（若明了，请填写）：	临时处理措施及结果：　　　　　　特约店：

附加信息：	故障零部件号	故障码	数量	发送
	1			
	2			
	3			
	4			
	5			

购车日期：	故障日期：	修理日期：	公里数：
总修理费：	配件费：	工时费：	其他费用：

注：该报告一式三份，原件首先传真至 020-*******，然后与保修申请单一起寄给 **** 售后服务科服务技术组，一复印件随换下配件寄给 *****，另一复印件由特约销售服务店存档。

第二步：保修旧件管理。请你根据车辆维修质量信息报告中"故障零部件"制作"保修配件标签"（具体参见图 5-2），并悬挂在换下来的旧件上。

3．在汽车售后服务大厅（或实训模拟服务大厅），你作为汽车保险兼业务代理人，请根据给定的工作情境完成下面工作。

第一步：车辆损失理赔。按照机动车保险理赔流程（图 5-8），办理王先生已购买的车险理赔业务，核算符合保修条件、_____赔付的费用。

第二步：与车主交流想法。因车主王先生没有购买机动车损失保险，汽车制造厂未对发动机部分零配件进行理赔。经过交流王先生愿意增加购买机动车损失保险，避免再次发生类似的车辆损失。

第三步：办理机动车保修投保。按照承保工作流程（图 5-7），根据车主王先生的意愿，帮助王先生办理购买机动车损失保险，并填写机动车保修投保单，具体参见表 5-6。

项目五　学生学习目标检查表

你是否在教师的帮助下成功地完成单元学习目标所设计的学习活动	
	肯定回答
专业能力	
认识汽车保修政策	
正确实施汽车保修业务流程	
认识机动车保险的含义及分类	
执行机动车承保工作流程	
执行机动车理赔工作流程	
关键能力	
你是否根据已有的学习步骤、标准完成资料的收集、分析、组织	
你是否有效和正确地进行交流	
你是否按计划有组织地活动，是否沿着学习目标努力	
你是否尽量利用学习资源完成学习目标	
完成情况	
所有上述表格必须是肯定回答。如果不是，应咨询教师是否需要增加学习活动，以达到要求的技能。	

教师签字：_____

学生签字：_____

完成时间和日期：_____

参考文献

[1] 徐广琳，初宏伟. 汽车维修企业管理［M］. 2版. 北京：机械工业出版社，2021.

[2] 王丽霞，韩艳君. 4S店主营业务与汽车营销［M］. 北京：人民邮电出版社，2015.

[3] 林锡彬，蔡兴旺. 汽车维修接待、沟通与管理［M］. 北京：人民交通出版社，2020.

[4] 王一斐. 汽车维修企业管理［M］. 4版. 北京：机械工业出版社，2021.

[5] 祁翠琴，鄢玉. 汽车维修业务管理［M］. 2版. 北京：高等教育出版社，2017.

[6] 晋东海. 汽车维修企业经营与管理［M］. 北京：机械工业出版社，2018.

[7] 游彩霞. 汽车保险与理赔［M］. 北京：机械工业出版社，2020.

[8] 金明，彭静. 汽车维修接待［M］. 2版. 重庆：重庆大学出版社，2018.

[9] 许可. 汽车维修企业管理基础［M］. 北京：电子工业出版社，2010.